나를
더 사랑하고
인정하는 법

나를 더 사랑하고 인정하는 법

초판 1쇄 2021년 2월 23일

지은이 한순원 | **펴낸이** 송영화 | **펴낸곳** 굿웰스북스 | **총괄** 임종익

등록 제 2020-000123호 | **주소** 서울시 마포구 양화로 133 서교타워 711호

전화 02) 322-7803 | **팩스** 02) 6007-1845 | **이메일** gwbooks@hanmail.net

ⓒ 한순원, 굿웰스북스 2021, *Printed in Korea*.

ISBN 979-11-91447-01-9 03190 | **값** 15,000원

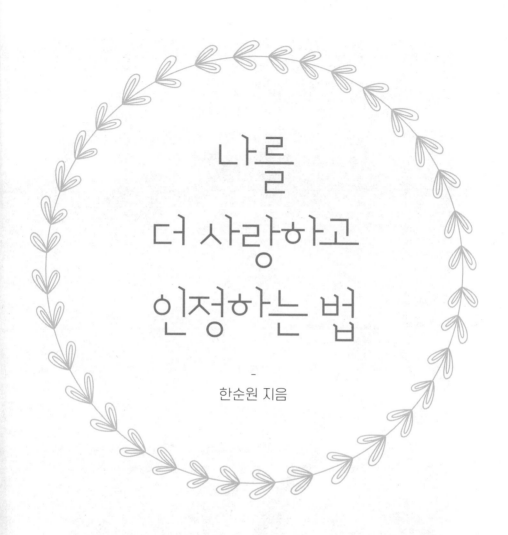

나를
더 사랑하고
인정하는 법

-

한순원 지음

마음이 쓸쓸하고
자꾸만 불안해진다면
지금부터 행복해지는 연습을 하라!

"나는 최선을 다하고 있어.
잘 해내고 있어."

굿웰스북스

프롤로그

　나의 고향은 저 남쪽 끝자락의 전라도 진도이다. 지금도 TV에서 바닷가가 나오면 마음이 설렌다. 어린 시절 언니들과 갯벌에서 조개를 캐던 시절이 떠오른다. 아침에 일어나면 푸른 바다가 펼쳐져 있었다.

　멋지고 낭만적인 곳에서 때로는 아버지로 인해 마음고생을 하기도 하면서 성장했다. 가난한 집안 살림과 엄격한 아버지로 인해 마음에 상처를 받았지만 한편으로는 그것을 계기로 나는 세상을 더 넓게 바라볼 수 있었다.

나는 인생을 결론부터 시작했다. 그것 때문에 마음 놓고 젊은 시절을 마음껏 누리지 못한 것도 있지만 인생에 대해 많은 경험을 쌓을 수 있었다. 그로 인해 남들처럼 특별한 기술이나 부를 이루지는 못했다.

그러나 후회는 하지 않는다. 그것보다 더 큰 것을 얻었기 때문이다. 무엇이 더 크고 작다고 논할 수는 없는 일이다.

결혼하고 마음이 많이 힘들었다. 나는 내가 바뀌어야 가정이 화목할 것 같았다. 어린 시절 다 자라지 못한 내 안의 상처들이 생채기를 내고 있었다. 어려운 결심을 하고 둘째가 3살 때 명상을 시작했다.

어린 시절 나의 삶을 돌아보았다. 나는 한 번도 나의 삶을 안아주고 치유해줄 생각을 하지 못한 채 오로지 앞만 보고 가고 있었다. 그렇게 마치 시베리아 독수리처럼 제2의 삶을 시작하였다. 나를 많이 돌아보려고 노력하였지만 결국 나의 욕심이 많이 들어가 있었다.

그리고 시간이 지나면서 알게 되었다. 사람은 누구나 많은 사랑을 가지고 있다. 그런데도 사랑하는 법을 알지 못한다. 가장 가까운 자기 자신을 사랑하는 법도 모른다. 어쩌면 이것이 가장 어려운 것일 수도 있다.

아이들을 키우면서는 아이들을 통해 같이 많이 배운다. 나는 욕심이 정말 많았다. 큰 것만 바라고 그것을 내 것으로 만들려고 하고 움켜쥐려고만 하고 있었다.

그러나 가장 중요한 것은 나에 대해 먼저 이해하고 다 성숙하지 못한 어린아이를 달래주고 안심시켜주어야 하는 것이다. 나의 안과 밖이 모두 편안해졌을 때 내가 집착하지 않아도 원하는 일은 저절로 이루어질 것이다.

가장 먼저 나를 이해하고 용서하고 사랑해야 한다. 3살 먹은 아이도 알지만 80살 먹은 사람도 행하기 어렵다고 하듯이 가장 어려운 게 자기 자신이다. 소크라테스가 했던 '너 자신을 알라'는 이 말이 가장 어려운 것이다. 죽을 때까지 찾지 못하는 것이 자기 자신이 아닌가 생각한다.

나는 어린 시절 좀 예민해서 살아오는 동안 마음고생을 좀 했다. 누가 시켜서 그런 것도 아니고 스스로 말이다. 그래서 빨리 세상을 이해하려고 노력했다. 그리고 한 사람 한 사람이 너무도 소중하다는 것도 잘 알고 있다. 특히 어린 시절은 더욱 그렇다.

우리는 알면서도 또 마음대로 잘 안 될 때가 많다. 무엇을 얻고 쌓기 위함보다는 나에게 경험을 시켜주었다고 생각하자. 우리의 열등감은 끊임없이 무언가를 지속적으로 얻으려 하고 가지려고 한다.

이제는 먼저 자기 사랑을 찾아보자. 밖의 다른 장소나 물건에서 찾기보다는 가장 가까운 자기 안에서 찾아보자. 한 사람 한 사람의 사랑이 채워졌을 때 온 세상은 좀 더 풍요로워질 것이다. 추운 겨울이 지나고 따뜻한 봄이 오고 있다. 희망을 갖자.

지금도 보이지 않는 곳에서 수고해주시는 이름 없는 분들로 인해 나는 지금 편안하게 따뜻한 집에서 밝은 스탠드를 켜고 글을 쓰고 있다. 감사하다.

책을 쓰려고 하면서 많이 망설였다. 책이란 매체가 대중적이다 보니 혹시 잘못 전달하지 않을까 두려웠다. 그러나 용기를 내어 쓰게 되었다. 나보다 더 큰 마음으로, 혹시 잘못된 부분이 있어도 널리 양해해주시길 바란다.

많은 책 중 나의 책을 선택하여 읽어주신 한 분 한 분께 진심으로 머리 숙여 감사드린다.

"고맙습니다. 사랑합니다. 건강하시고 행복하세요."

2021년 2월
한순원

목 차

1장

왜

마음이 쓸쓸하고

공허할까

왜 마음이
쓸쓸하고 공허할까

"실패의 원인을 마음에 잘 새기고 앞을 내다보라. 실패는 지혜의 가르침이다. 과거를 바꿀 수는 없지만 미래는 여전히 당신 손에 달려 있다." - 휴 화이트

나의 나이 50대 초반이다. 코로나가 시작되고 할 일 없이 오래 집에 있다 보니 나는 이때까지 무엇을 위해 달려왔던가 생각하게 된다.

처음 코로나가 시작되었을 때는 편하게 생각했다. 그러나 장기화 되면서 내가 이루어놓은 것이 없다는 생각이 들었다. 학교 다니는 아이들과 집에 오랜시간 같이 있다 보니 더 신경이 쓰였다. 자신의 삶에 100% 만족하는 사람이 얼마나 있겠는가마는, 유독 나에게 혹독한 시간이었다.

과거 정신없이 바쁠 때는 나도 낮에 편안하게 여유를 가지며 아이들과 시간을 보내고 싶다는 생각을 가졌다. 그러나 막상 시간이 많이 있다고 해서 꼭 좋은 것만은 아니라는 생각이 든다.

사람은 결코 혼자서는 행복할 수 없다는 것을, 적당한 긴장과 스트레스, 사람들과의 갈등이 해소되었을 때 성취감이 있고 행복하다는 것을 알게 되었다. 나는 계속해서 눈에 보이는 결과물을 얻기 위해 내가 원하는 삶을 끊임없이 추구하며 살아왔다.

인생은 자신이 추구하는 대로 살아가게 되어 있다. 그래서 어린 시절은 더 중요하다.

내 고향은 아침에 눈을 뜨면 밀물 때 바닷물이 들어와 있기도 하고 때론 썰물 때 갯벌이 드러나 있기도 했다. 집 뒤는 언덕이고 바로 앞에는 작은 신작로가 하나 있었다. 그리고 바로 밑이 바닷가였다. 우리 동네는 열다섯 가구가 바닷가 주변 신작로를 중심으로 길게 들어서 있었다.

아버지는 작은 배로 고기를 잡아오고 어머니는 그것을 장에 내다 파셨다. 장에 가지 않는 날에는 산에서 나무를 하기도 하고 밭을 매거나 미역 등을 해왔다. 부모님은 한시도 집에 있을 날이 없었다. 비 오는 날이나 명절에만 집에 계셨다. 그런 날에는 행복했다.

시골집들은 담장이 돌로 나지막하게 쌓여 있어 지나다 보면 마당이 훤히 보였다. 나는 어린 시절 호기심이 많았다. 그래서 지금도 여기저기 어릴 적 흉터가 훈장으로 남아 있다. 언니들은 모두 학교에 가고 심심해지면 신작로 밑 바닷가에 내려가 조개껍데기로 소꿉놀이를 했다.

어느 날은 동네 여기저기 돌아다니다 길모퉁이에 있는 아주머니 댁에 들어가게 되었다. 문이 조금 열려 있었고 할아버지가 몸이 좋지 않은지 힘들게 숨을 몰아쉬고 있었다. 나는 순간 '아, 사람이 늙어 죽을 때가 되면 저렇게 힘이 드는가 보다.'라고 생각했다. 그리고 할아버지는 얼마 안 가 돌아가신 것으로 알고 있다.

또 한 번은 외가댁의 친척이 돌아가셨다. 나는 부모님이 어디를 가면 잘 따라다녔는데 그날도 어머니를 따라가게 되었다. 친척집에 도착하자 어머니는 나를 마당에 홀로 세워둔 채 안으로 들어가 서럽게 울었다. 그때 처음으로 사람이 태어나면 죽는다는 것을 알게 되었다.

그러다 부모님이 돈 때문에 심하게 싸울 때면, 사람은 어차피 죽는데 왜 태어났는지가 궁금했다. 때로는 속상하면 죽어버리고 싶다는 생각이 들기도 했다. 하지만 자라면서 새로운 것을 배우며 세상은 살 만한 가치가 있다는 것을 알게 되었다.

만약 윤회가 있다면 나는 또다시 힘든 윤회를 되풀이하고 싶지 않다는 생각을 하게 되었다. 이번 생에 모든 번뇌를 모두 없애고 편안하고 행복하게 살고 싶었다. 제일 힘든 것이 자존심이고 열등감이었다. 열등감을 모두 없애고 원하는 모습의 내가 되고 싶었다.

그리고 시골생활과 아버지로부터 벗어나 빨리 독립하고 싶었다. 그래서 언니들이 있는 서울에 일찍 올라왔다. 바로 2살 위의 언니가 다니는 공장에 취직을 했다. 공장은 지하에 있었고 주야 2교대였다. 기숙사도 공장 옆에 있었다.

서울생활은 내가 생각했던 것만큼 재미도 없었고 따분하고 지루했다. 마치 다람쥐 쳇바퀴 도는 것 같은 일상의 반복이었다. 이곳에서 큰돈을 벌 방법을 생각했다. 돈만 있으면 윗사람 눈치를 보지 않아도 되고 하기 싫은 일을 억지로 하지 않아도 되고 하고 싶은 일을 하며 여유있게 살고 싶었다.

성공하고자 한다면 혼신을 다해 한 길을 가라 하는데, 나는 과연 최선을 다했나 생각해본다. 나는 8남매의 막내로 좀 지루하고 귀찮은 일은 쉽게 포기했다. 그것을 왜 이루려고 하는지에 대한 명확한 목표가 없었다. 그래서 쉽게 포기했다.

인생은 마치 흩어진 구슬을 꿰듯 흐트러진 마음을 하나하나 모으는 것과도 같다. 나를 이기는 것이다. 그리고 내가 부족하다는 것을 인정하는 것이다. 고통이 오면 피하려고 하지 말고 대면해야 한다. 어려움이나 고통을 이겨내야 더 큰 사람이 될 수 있다.

나 자신이 필요한 사람이 되지 못한 데서 오는 허탈감을 느꼈다. 살면서 나에게 조금의 희생이 따르더라도 무엇이든 누군가에게 도움이 되고 필요한 사람이 되고 싶었다.

그러나 나에게 오는 보람은 없고, 계속해서 타인에게 맞추려고 했는데도 그것이 마음대로 되지 않을 때 큰 상처를 받고 좌절했다. 어떻게 하면 나도 행복하고 남도 행복할 수 있을까?

세상은 함께 더불어 살아야 살맛난다. 진정한 나를 잊어도 안 되지만 다른 사람을 위해 애쓸 때 더 의미가 있다는 말일 것이다.

물론 세상일이라는 것이 어찌 나의 뜻대로만 되어가던가? 예상치도 못한 곳에서 실수를 할 때가 있다. 대부분 그 일을 너무 쉽게 생각하기 때문이다. 이제는 어떤 일이 있으면 나를 책망하기보다는 앞으로는 그런 똑같은 실수는 되풀이하지 말자고 좋은 방향으로 이야기하자.

실수는 경험이다. 누구나 다 실수를 한다. 그런데 거기다 자신을 자책하고 탓하기만 한다면 할 수 있는 일은 점점 줄어들 것이다.

이미 지나가버린 시간들에서 오는 상실감은 흘려보내자. 새롭게 시작하는 일은 분명 과거와 다르다. 세월이 변했으니 당연히 만나는 사람들도 다를 것이다. 이제는 사람 공부도 하자. 어떤 성향을 가진 사람인지를 알면 덜 상처받을 것이다. 오늘 새로운 하루가 시작된다.

'괜찮아. 다 네 잘못은 아니야. 조금 천천히 가도 괜찮아. 오늘도 수고했어. 아무 일도 하지 못한 게 아니야. 지금 넌 충분해. 너무 아파하지 마. 살다 보면 좋은 날도 있을 거야. 끝까지 해보는 거야. 너에게도 박수를 보낸다. 너무 자책하지 마. 나만 혼자 힘든 줄 알았다. 남들은 다들

열심히 살고 성공한 인생처럼 보였다. 그러나 혼자 힘든 건 아니다. 정

도의 차이는 있지만 모두 힘든 것이다. 그러니 너무 자책하지 말자. 그

럼, 힘내, 파이팅!'

자신의 결점만
보고 있는가

"나는 나의 힘과 자신감을 늘 외부에서 찾고 있었다. 그러나 그런 것들은 항상 나의 내면에 있었다." - 안나 프로이트

사람의 눈은 밖을 보게 되어 있다. 그래서 다른 사람은 유독 잘 보인다. 옛 속담에 남의 떡이 커 보인다는 말이 있지 않은가. 우리가 부러워하는 연예인들도 콤플렉스가 있다. 사람은 타인에 대해서는 별 관심을 갖지 않는다. 오히려 연예인들이 더 스트레스를 많이 받는다고 하지 않

는가. 잘난 사람들만 보니 더 그럴 것이다. 유독 자기 자신에 대한 집착이 가장 강하다.

머리를 감다 빈 샴푸통을 보았다. 다 쓰고 나면 우리는 아무런 애착 없이 분리수거통에 버릴 수 있을 것이다. 내 몸이 저 빈 샴푸통이라면 별다른 집착 없이 내어놓을 수 있을 텐데, 왜 그토록 내 몸에 집착을 하며 살아가야 하는 것일까?

하나뿐인 내 몸이기에 더 집착하는 것이다. 눈 뜨면 보는 것이 나의 몸이다 보니 늘 몸을 끊임없이 생각한다. 자신에 대해 그만큼 집착이 강하다는 것이다.

나는 왜 나를 좋아하지 않았을까? 다른 사람은 부러워하면서도 나를 믿어주지 않았고 계속해서 단점만 생각했다. 어떤 안 좋은 일이 일어나면 '혹시 나 때문인가.' 하고 생각했다. 내가 희생해야지만 책임을 다한 느낌이 들었다.

그렇게 피해의식을 느끼면서 나 자신을 노예처럼 대하고 있었다. 나의 무의식속에 무엇이 그토록 나를 그렇게 만들었는지 찾아보고 싶었다.

어린 시절 나는 궁금한 것이 있으면 상투꼭대기까지 따먹으려고 한다고 할 정도로 질문하는 것을 좋아했다. 어머니가 보이면 질문을 했다. 그런 나를 어머니는 언제나 싫은 내색 한 번 하지 않고 다 받아주셨다. 그렇게 궁금한 것을 못 참고 질문하는 것을 좋아했다. 어린 시절에는 밝은 성격이었다.

한번은 어머니에게 내가 어떻게 태어났느냐고 물어보았다. 어머니는 나이가 많고 자식들도 많아 나를 낳지 않으려 했다고 말했다. 그러다 산부인과 문 앞까지 갔다가 창피해서 그냥 돌아왔다고 했다. 그래서 나는 이 세상에 태어나지 못할 뻔했다. 그 때문일까? 나는 유독 삶에 대한 집착이 강했다. 항상 죽음에 대한 두려움이 컸다.

부모님이 싸우시면 '혹시 나 때문인가? 내가 태어나지 말아야 했나?'

하는 생각도 하게 되었다. 그것이 가정환경 때문이라고 생각했는데 그 이전에 나의 기질이고 성격이었던 것이지, 전적으로 가정환경 때문인 것은 아니었다.

중학교 2학년 때쯤이었을까? 그 시절엔 그 날짜의 번호를 불러 해당 학생에게 책을 읽히곤 했는데 그날은 나의 번호를 불러서 일어나 책을 읽었다. 처음 몇 분 동안은 괜찮았지만 조금 지나자 나의 목소리는 점점 떨려오기 시작했다. 친구들의 마음이 모두 나에게 집중되는 듯했다. 그러지 않으려고 하면 더 떨려오고, 빨리 앉고 싶었지만 선생님은 아무런 말씀이 없었다. 그 경험이 기분 좋지 않았고 자존심도 몹시 상했다. 더 잘하려는 마음이 커서 그랬던 것 같다.

내가 남들과 좀 다르다는 생각을 했다. 나의 고민을 누군가에게 얘기를 해서 해결할 생각을 하지 않고 혼자서 고민했다. 그때는 한참 혼란스러울 나이었는데 정말 속상하고 힘이 들었다.

근사한 꿈이라도 있었으면 거기에 몰두했을 텐데 그러지도 못했다.

지금 돌아보니 책이라도 많이 읽었으면 도움이 많이 되었을 텐데 아쉽다. 요즘 청소년들을 보면 나의 어린 시절이 생각난다.

1988년쯤 둘째언니가 사는 부천에 가서 지인 소개로 소형모터를 만드는 전자회사에 취직을 했다. 1층은 부품을 만드는 금형회사였고 2층은 전자회사, 3층은 기숙사였다.

작업을 하고 있으면 사장님과 거래처 손님들이 옆에 와서 일하는 모습을 지켜보기도 했는데 나는 누군가 옆에서 지켜보고 있으면 자꾸만 신경이 쓰이고 떨려서 집중이 되지 않았다.

하루는 점심시간에 식사를 하는데 날카롭게 생긴 남자직원이 다른 곳에는 모두 자리가 다 차 있어서 내 앞에 앉는 것이 아닌가. 순간 나는 긴장을 해서 밥을 제대로 먹을 수가 없었다. 아무리 좋은 쪽으로 생각하려고 해도 손은 나의 말을 듣지 않았다.

나는 다 먹지 못하고 그냥 일어나버렸다. 그리고 그 일이 두고두고 신경이 쓰이고 거슬렸다. 그 증상은 점점 심해졌고 점심시간이 곤욕이었다. 아버지처럼 좀 어려운 사람이 앞에 있으면 어렵고 불편했다.

그때는 나이가 어렸는데, 그러다가 다른 일을 하기 위해 직장을 그만두고 언니 집에 잠시 머물러 있었다. 어린 조카들도 있었는데 그때를 생각하면 언니에게 많이 미안하다. 그러다 큰언니가 서울로 올라오라고 해서 또 큰언니네 집에 있게 되었다.

언니도 의욕이 많고 배우는 것을 좋아해 신설동에 학원을 다니는데 나에게도 공부를 하라고 해서 같이 학원을 다니게 되었다. 새롭게 무엇인가를 배우는 것은 신나는 일이지만 주변 환경이 안정적이지 않았다.

그렇다고 공부를 해서 성공하겠다는 생각은 하지 못했다. 수학은 워낙 기초가 부족해서 힘이 들었고 영어는 이해는 되지만 단어를 많이 알지 못해 점수가 나오지 않았다. 필요하다는 생각은 했지만 공부에 집중할 수가 없었다.

그때 스피치 학원이라도 다닐까 생각했지만 나에게 사치로 느껴졌다. 낮에 아르바이트를 하며 대입시험 준비를 했지만 시험 한 번 보고 그만두었다.

진짜 큰 결점은 몸이 아닌 마음이 차지한다는 것을 살면서 많이 느낄 수 있었다. 모든 병은 마음에서부터 시작되기 때문에 마음을 먼저 치유하는 것이 중요하다고 생각했다. 외롭고 힘든 시간이었다. 그래서 마음에 대해 많은 관심을 갖게 되었다.

만약 내가 계속해서 긍정의 씨앗을 키웠다면 어떻게 되었을까? 세상을 다르게 볼 수도 있었겠지 싶다. 좀 더 넓고 좋은 쪽으로 말이다. 이제는 감사함을 알고 긍정의 씨앗을 심어 가꾸어보자. 꽃을 피우고 열매가 열릴 때까지 물을 주고 잡초를 뽑아주고 잘 가꾸어보자.

이처럼 나의 모습을 어떻게 바라보고 생각하느냐가 정말 중요하다. 장점을 계속 키워간다면 결국은 결점을 극복할 수 있을 것이다. 언제까지 나의 결점만 보고 있을 수는 없다.

비행기가 하늘을 날아오르기 위해서는 속도와 에너지가 필요하듯이 에너지가 약하면 결국 하늘을 날아오르지 못한다. 그래서 '결단'이 필요하다.

최고의 수비는 공격이라고 했던가. 더 이상 자신의 어두운 마음과 협상을 하고 있으면 안 된다. 자신의 결점에 집중하지 말고, 자신이 가장 잘할 수 있고 좋아하는 일에 혼신을 기울여보자.

새로운 목표를 갖자. 태양이 떠오르면 어둠은 물러가듯이 자신의 결점에 집중하기보다는 자신이 할 수 있는 일에 온 힘을 집중하자. 그럼 달라질 것이다.

03

더 이상
과거에 빠져 살지 마라

왜 사람은 늘 끊임없이 불안해하며 사는 것일까? 있으면 있다고 불안해하고 없으면 또 없다고 불안해하는 사람의 심리. 만물의 영장이라고 하는 사람이 그토록 불안해하는 이유는 무엇일까? 재벌이라면, 잘 나가는 사람이라면 불안해하지 않고 마냥 좋을까?

우리는 늘 끊임없이 누군가를 부러워하기도 하고 뭔가를 보여주려고 한다. 그러나 또 다시 만족을 느끼지 못하고 내달린다. 사람이 살아가면서 진정으로 자유로워진다는 것은 그리 쉬운 일이 아니다. 나는 항상 뭔가를 이루어야 한다는 압박감으로 살아왔다. 어떤 일을 하고 있지 않으면 항상 불안했다. 누가 쫓아오는 것도 아닌데 말이다.

어느 날, 초등학교 2학년 때쯤이었을까? 피곤해서 작은 방에서 일찍 잠이 들었다. 언제 들어오셨는지 어머니가 들어와서 거칠어진 손으로 나를 어루만지며 "불쌍한 내 새끼, 뭐 하려고 내 배 속에서 태어났냐" 하는 것이었다.

나는 잠이 깼지만 잠자는 척하고 있었다. 어머니는 바빠서 마음대로 챙겨주지 못하는 안타까운 마음에서 그랬을 것이다. 나는 어머니의 힘들고 고단한 삶 가운데 내가 태어난 것이 미안하고, 나 때문에 부모님이 더 싸우나 하는 마음까지 들게 되었다.

학용품이 필요했지만 돈 달라고 하면 어머니가 더 걱정하지 않을까 싶어서 얘기를 하지 못했다. 그렇게 입을 꾹 다물고 차마 말을 하지 못했다.

성인이 되어서 알게 되었다. 어머니를 위한다고 했지만 그것은 '나의 자존심을 지키기 위한 마음'이 더 컸기 때문이었다. 그만큼 나에 대한 자존심이 강했다.

집에는 둘째 오빠가 부모님을 도와드리며 농사도 함께 지었는데 툭 하면 나에게 못생겼다고 놀리곤 했다. 그런 상황을 어머니에게 얘기하면 항상 보면 볼수록 예쁘다고 칭찬을 많이 해주었다. 밭에 이따금 피어 있는 목화꽃 같다고, 일 잘한다고 칭찬을 많이 받았다. 나의 긍정적인 성격의 일부는 어머니의 영향을 많이 받은 것도 있다.

중학교에 입학하여 나는 멋진 의상실에서 친구와 교복을 맞추었다. 그리고 어머니에게 얘기했더니 이모네 집에서 가지고 온다는 것이다. 나는 더 이상 얘기를 꺼내지 않았다. 친구는 깨끗하고 예쁜 교복을 찾아서 입고 학교에 다니는데 어머니가 가지고 온 교복은 많이 낡아 있었다.

학교에 다니는 내내 의상실 주인에게 얘기를 하지 않아 혹시 학교로 찾아오지 않을까 걱정했다. 또 월요일 전체조회 때는 나의 이름을 부르지는 않을까 조마조마하며 학교에 다녔다. 마치 죄인이 된 기분이었다.

나는 작은 것이라도 마음에 걸리면 계속 생각해서 더 피곤했다. 나는 특히 돈과 외모 때문에 기죽어 지냈다. 돈 때문이었을까? 아니다. 어쩌면 이미 태어나면서부터 그런 열등감을 가지고 태어났는지 모르겠다. 사람의 뇌는 긍정적인 면보다는 부정적인 면을 더 많이 가지고 있다고 하지 않는가?

삶에는 누가 시켜서가 아니라 스스로 그렇게 선택하고 자신이 만들어가는 것이 많다. 다른 사람 때문이 아니라 자신이 그렇게 만드는 것이다. 내 삶이 그렇게 특별한 것이 아닌데 내가 특별하다고, 내가 더 불쌍하다고, 그렇게 스스로 생각한 것이다. 그런 열등감은 나를 많이 힘들게 했다.

중학교 때는 집에서 학교까지 걸어서 2시간이 넘게 걸렸다. 나와 친구들은 학교 근처에서 자취를 했다. 1학년 때 육성회비가 나와도 부모님께 말조차 하지 않았다.

그렇게 미루다 결국 선생님이 내 옆에 와서 육성회비 납부가 늦어지고 있다고 말했다. 그날 저녁, 아직 육성회비를 내지 않은 친구들과 선배는 각자 집으로 가게 되었다. 부모님은 많이 놀라셨다. 그리고 그 다음 날 육성회비를 낼 수 있었다.

내가 초등학생 때 넷째 오빠도 자취를 했는데, 한번은 오빠가 어머니께 돈을 달라고 했는데 어머니가 돈을 챙겨주지 못하여 안타까운 표정을 짓고 오빠는 울상이 되었다. 지나가다가 그 모습을 보며 분위기를 알 수 있었다.

결혼은 이때까지 나를 붙들고 살아온 결과라고 생각했다. 내가 마냥 행복했다면 그런 생각을 하지 못했을 것이다. 그리고 내가 살아온 패턴을 새롭게 바꾸어야겠다는 생각을 하게 되었다.

공부를 하기 시작했다. 내가 무언가 다른 일에 집중하자 가족에 대한 집착하는 마음이 줄어들었다. 그것이 오히려 가족에게는 홀가분했을 수도 있다. 지금 생각해보면 좋은 남편과 예쁜 아이들인데, 나로 인해 남편과 아이들도 많이 힘들었겠구나 생각한다.

아이들이 어렸을 때는 많이 챙겨주지 못해 미안했다. 나의 성격이 급하고 욕심이 많은 것도 한몫했다. 그렇다고 내가 노력을 많이 하면서 부린 욕심이 아니다. 나의 마음속에 내재되어 있었던 감정들이 한꺼번에 올라온 것이다.

사람이 결혼을 하고 행복하지 않으면 상대를 탓하다가 자신을 탓하고, 또 지나온 과거를 탓한다. 살다 보면 나보다 더 힘들고 고단한 삶도 많이 있을 텐데, 혼자 내가 가장 힘들다고 느낀다.

아이들을 키우다 보면 마음대로 되지 않고 정체성의 혼란 때문에 더 많이 힘들다. 아이들이 자라는 3~4년 동안이라도 너무 자신을 들볶지 말고 엄마도 아이도 행복할 수 있도록 억지로라도 연습을 하자. 그래야 아이들이 성장해서도 외로움을 덜 느낄 것이다.

우리 아이들에게는 어린 시절 내가 받았던 것처럼 상처를 주지 않기 위해 나를 부지런히 바꿔가야겠다고 생각했다. 자식은 부모의 감정을 먹고 자란다고 했던가. 물질적인 풍요는 아니더라도 마음으로는 그늘 없이 키우고 싶었다.

저 넓고 푸른 하늘은 빈부격차와 머리의 좋고 나쁨을 판가름하지 않고 모두 다 받아들인다. 우리는 모두 어린 시절 저 밤하늘의 별을 보며 성장했다. 맨날 있는 별이라 너무나 익숙해져버렸을 뿐이다. 이제는 하늘과 같은 넓은 마음으로 살자. 하루에 한 번은 하늘을 보자.

자신을
드러내려 하지 않는다

가을이면 나무에서 떨어진 낙엽들이 수북이 쌓인다. 나무들은 또 그것을 영양분 삼아 살아간다. 사람은 무엇을 남기는가. 나무들이 낙엽을 내려놓듯 사람도 점점 무르익어간다. 무엇을 위해 그렇게도 열심히 달려가고 있는가.

어린 시절은 삶이 참 막막했다. 찬바람이 씽씽 불어대는 겨울 같았다. 그러나 살아보니 조금 익숙해져간다. 추운 겨울에도 따뜻한 양지가 있듯이 그래도 마음이 따뜻한 사람들이 있어 살 만한 세상이기도 하다.

마음대로 되지 않을 때는 항상 세상에 불만 있는 얼굴을 하고 다녔다. 그래서 말을 하지 않을 때에는 화난 사람 같다고도 했는데, 지금 생각해보면 그런 날들도 있었나 싶다. 어떻게 살아야 할지, 방법을 몰라 더 힘이 들었었다.

중학교 때 한 남학생이 마음에 들었다. 나는 별 생각 없이 친구에게 얘기했는데 그 얘기가 소문이 나버렸다. 그 남학생은 다른 여자 친구를 좋아한다는 것이다. 나는 자존심이 상했다.

'괜히 얘기했나? 그냥 혼자만 생각하고 있을 걸.'

온갖 후회가 들기 시작했고 그런 나 자신이 싫어지기까지 했다. 나에게 더 집착했고, 실수하지 않으려고 하나하나 세심하고 꼼꼼하게 신경을 쓰게 되었다. 실수하지 않고 좀 더 신중하게 하려다 보니 점점 소극

적이고 말이 없어졌다. 나의 마음을 드러내지 않으려 했다. 좋아하는 것도 그때뿐, 시간이 지나면 금세 잊어버린다.

실수하는 내가 너무 싫었다. 실수를 하거나 괜히 남의 입방아에 오르내릴 때는 나 자신을 용납하지 않는 것이다.

왜 그토록 나 자신에게 완벽을 요구했을까? 그것은 어린 시절부터 시작되었다. 아버지는 완벽한 것을 좋아했다. 언니들이 혼나는 것을 보면서 혼나지 않기 위해 미리 조심했고 실수라도 하면 죽고 싶을 만큼 자존심이 상했다. 부모님은 나에게는 그렇게 크게 야단치거나 꾸중하지 않았는데도 말이다.

그래서 항상 결정하고 책임지는 것을 싫어했다. 누군가의 밑에서 시키는 대로 일하는 것이 편했다. 책임을 지지 않아도 돼서 좋았다. 그렇지만 배우는 것은 그만큼 더디고 성장할 수 있는 시간이 오래 걸린다.

실수하는 내가 너무 싫어 자꾸만 다른 사람 뒤에 숨으려 했다. 세심하고 꼼꼼해서 대충 넘어가지를 못했다.

나도 남들 앞에서 편하게 이야기하고 싶고 인정과 사랑을 받고 싶었다. 나의 꿈과 끼를 마음껏 발휘하며 행복하게 살고 싶었다. 하지만 현실은 그러지 못했다.

그 원인은 두려움과 불안이었다. 벗어나고 싶다는 마음이 강할수록 내 안의 거짓 자아는 나를 끌어내리며 '아니야 그냥 나서지 말자. 차라리 가만히 있는 것이 나을지 몰라.'라고 한다. 그럴수록 생각은 많아지고 몸은 점점 무거워졌다.

이제는 첫 발을 내디뎌야 한다. 행동해야 한다. 나를 잘 보이려고 하기보다 있는 모습 그대로 보이자. 처음부터 너무 거창하거나 완벽하게 하려고 하지 말고 나를 표현해야 한다. 생각만 하지 말고 마음의 벽을 허물자. 그러기 위해서는 자신을 단련하기 위해 용기를 내야 한다.

나는 글을 쓰면서 나의 소망을 풀어내고 싶었다. 나의 모습이 하나씩 드러날 때마다 전에 몰랐던 부족한 모습과 인정받고 싶다는 마음까지 올라와 부끄럽다는 생각이 들었다. 그리고 알게 되었다. 이것이 내가 그동안 쌓아놓은 마음이었다는 것을.

내 안에 사랑이 없고 힘이 들 때 나는 남편과 아이들에게 종종 짜증과 화를 내게 되었다.

우리 인생은 거창한 것이 아니라 스스로 허공에 그림과 낙서를 하고 지우며 자기를 알아가는 것일 뿐이다. 그런데 부모나 타인이 없으면 그러한 경험을 할 수 없다. 그러니 나중에는 그 경험을 하게 해주는 상대가 소중하고 감사한 존재인 것이다. 왜냐하면 나 자신에 대해 잘 알게 해주었으니 말이다.

함께 가는 것이다. 그러면서 내 마음에 뒤엉킨 실타래를 스스로 풀어야 한다. 그러려면 나를 세상에 내어놓고 드러내야 한다. 그래야 알게 된다.

살아오면서 내 안의 생각을 깨기 위해 변해야 한다는 생각을 했다. 시베리아의 독수리는 40년 정도 살면 부리가 구부러져 가슴을 찌르고 더 이상 먹이를 먹을 수가 없게 된다고 한다. 그러면 독수리는 높은 절벽으로 올라가 돌에 자신의 부리를 부딪쳐 뽑아낸다. 새 부리가 돋아나면 이번에는 부리로 발톱과 더 이상 날 수 없을 정도로 무거워진 깃털을 하나하나 뽑아낸다. 독수리는 그러는 사이에 아무것도 먹지 못한다. 새 깃털이 돋아난 독수리는 저 하늘을 유유히 날며 40년을 더 살다 죽는다고 한다.

우리는 살면서 몇 번을 독수리와 같은 변화를 되풀이하는가? 미물이지만 위대한 여정임은 틀림이 없다. 아마 살기 위한 선택이었을 것이다. 사람도 살면서 독수리와 같은 탈고의 과정을 겪는다.

나는 끊임없이 강해야만 살아남는다고 생각하고 내 안에서 자꾸만 유리벽을 치고 있었다. 그러나 그 마음이 없다면 굳이 벽을 칠 필요가 없다. 자꾸 나를 포장하려 들기 때문에 더 힘이 들었다.

모르면 모른다고 힘들면 힘이 든다고 말하자. 좀 더 유연한 마음으로 나를 바라보고 세상을 바라보자. 나를 인정하자.

'그래, 나는 많이 배우지 못했고, 돈도 많이 없고, 능력이 출중하지도 않다는 것을 스스로 인정하자.'

사람은 넉넉해도 왜 더 안 주느냐고 불평을 했을 것이다. 이 시간들을 돌아보고 준비하는 시간으로 바라보면 어떨까 하는 생각이 든다. 어떻게 살아남을까가 아닌, 어떻게 하면 함께 공존할까를 먼저 생각해보자. 마음의 눈은 더 한 없이 넓다. 마음의 눈으로 세상을 바라보자.

세상은 점점 밝아지고 있다. 예전처럼 검은 돈이 오고 갈 수 없고 정치도 점점 투명해지고 있다. 앞으로는 마음이 바른 사람, 정직한 사람이 성공하고 잘 사는 세상이 오길 바란다. 투명하고 바른 사람이 잘되는 세상이면 좋겠다.

거짓 자아는 자신을 드러내려 하지 않고 타인의 시선을 두려워한다.

남들이 나를 어떻게 볼까 항상 신경을 쓴다. 내가 아닌 남에게 집중을 하며 살아간다. 하지만 나를 드러내고 꺼내놓는 순간, 움츠러들었던 마음은 모두 도망갈 것이다.

이제는 밝게 살아가자. 마음을 가두어놓지 말고 어린아이와 같은 순수한 마음으로 돌아가자. 처음에는 조금 실수하더라도 너무 자책하지 말자. 진정 자신을 용서하고 사랑하는 사람만이 남도 포용하며 감싸줄 수 있다.

'한 70%만 해도 괜찮아.' 하고 눈높이를 좀 낮추어보자. 처음부터 완벽하게 잘하는 사람이 어디 있는가. 실수하는 나도 사랑하자. 조금 부족한 나도 사랑하자. 지금부터 변하자고 마음먹자.

원래는 나를 드러내고 나의 생각을 이야기하는 것을 좋아하는데 그것을 표현하지 못했다. 그러나 요즘은 기회가 주어지고 발표할 일이 있으면 손을 번쩍 들고 나의 소신을 이야기한다. 과거의 움츠러들었던 내가 너무 안타까워 발표할 기회가 주어지면 소신껏 이야기도 잘한다.

내가 말하지 않으면 아무도 내 생각을 모른다. 자신 있게 표현해보자. 기회가 주어지면 도망치지 말고 행동해보자. 그러면 주인공이 된 것처럼 기분이 좋다. 사람은 생각하는 것이 다 다르다.

남들에게 인정받으려
애쓴다

우리나라는 빨리빨리 문화가 너무 만연해 있다. 어쩌면 과거의 어려운 시절을 지나온 조바심 때문일 것이다.

직장에 다니려고 하면 겁부터 난다. 거기에는 일을 너무 똑 부러지게 완벽하게 잘하는 무서운 언니(?)들이 한두 명은 있기 때문이다. 물론 내 실력이 부족해서 그런 것도 있을 것이다. 그렇다고 내가 아주 일을 못하는 것은 아닌데 강한 사람 앞에 가면 주눅이 들어, 있던 능력도 약해지기 때문이다.

주말에 아르바이트를 가게 되었다. 장소나 위치가 낯설어 좀 헤매고 있으니 거기서 일하던 한 살 아래 동생이 말했다.

"언니는 일을 빨리빨리 하는 것을 배워야 할 것 같아."

순간 기분이 나빴다. 아무 준비 없이 당하고 보니 더 기분이 상했다. 누구나 낯선 환경에 놓이면 당황하기 마련인데 통명스럽게 아침부터 그런 소리를 하다니…. 사람은 생김새가 다 다르고 능력도 다르다. 똑같은 입장에서 어떻게 저렇게 이야기할 수 있을까?

생각이 복잡했다. '그때는 바쁜 시간도 아니라서 좀 천천히 했는데…. 내가 일을 잘 못하면 자기가 더 힘들어서 그런가? 이런 것도 텃세를 부리는 것인가? 모두 다 내 언니고 동생이라 생각한다면 좀 더 기분 좋게 할 수 있을 텐데.' 하는 생각이 들었다.

끝나고 나면 나도 한마디해야겠다고 생각했다. 그러다 정신없이 바빠져 열심히 움직이고 일을 했다. '나중에 내가 더 잘하면 되지 뭐.' 하고 기분 좋게 일을 마치고 헤어져 집으로 돌아왔다.

일을 마치고 집으로 돌아오니 집에는 설거지가 산더미처럼 쌓여 있는데 화가 나지 않았다. 운동 삼아서 설거지를 했다. 사람 마음이 참 이상하다. 어떤 때는 기분이 나쁘고 피곤하고 화를 내기도 하지만 기분이 괜찮으면 그냥 스스로 하기도 하고, 알 수 없는 것이 사람의 마음이다. 오랜만에 몸을 움직이고 나니 오히려 보람이 있고 기분이 좋다.

모든 원인이 바로 나 자신이라고 생각하자. 자기편을 들어주지 마라. 자기 생각이라고 다 옳다는 생각도 하지 마라. 나 아닌 사람은 모두 적으로 생각하는 그 마음도 바꿔보자. 가장 아끼는 바로 자기 자신이 가장 원수라고 생각하자.

나는 누군가의 돈을 받고 일을 하면 돈 때문에 억지로 일을 하게 된다. 돈을 버는 것에만 목적이 있다보니 '돈이 아니면 굳이 이 일을 하지 않아도 될 텐데.' 하고 생각하기 때문이었다. 그러다보니 사장이나 힘 있는 사람들의 눈치를 많이 보게 된다. 일에 대한 보람을 느끼기도 전에 나는 힘이 들어 지치고 만 것이다.

너무 힘을 많이 주고 살았다. 힘을 좀 빼고 살았다면 덜 힘들었을 텐데 말이다. 이제는 힘을 좀 빼고 살아보자. 깃털처럼 마음이 가벼워지면 몸도 자연히 가볍게 될 것이다.

세상을 원망하고 탓하기보다 나를 먼저 돌아보고 고쳐나가면 전화위복이 된다. 그러면 세상은 또 살만한 가치가 있다.

또 우스운 것이 인생이다. 어린 시절 경험이 철옹성같은 자신을 만들어 낸다. 그리고 그 자신을 지키려 한다. 가면 쓴 모습으로 살아간다. 자신을 놓지 않으려 한다.

세상에서 큰일을 이루지 못했기 때문에 자신감을 갖지 못했는지도 모르겠다. 뭔가 잘하는 게 있었으면 나도 다른 사람을 무시했을까?

많은 사람들이 어린 시절에는 부모에게 잘 보이려 애쓰고, 애인이 생기면 소중하게 생각하는 만큼 집착을 하고, 직장을 다니면 회사 눈치를 보고 산다. 집안에 있으면 힘센 사람의 눈치를 보고 타인을 원망하며 살아간다.

혼자서도 서 있을 수 있는 마음의 힘을 키우며 살자. 누구를 원망하기 이전에 자신의 장점을 찾고 마음의 평수를 넓혀보자.

나를 더 믿어주며 마음 그릇을 넓히자. 나를 인정할 때 어려움도 잘 참고 이겨낼 수 있다. 그 고비를 잘 넘기면 일에 자신감이 생긴다. 그럴 때까지는 잘 참고 이겨내야 한다.

세상을 배우기 위해 왔다고 생각하자. 돈을 벌어 유명인이 되고 일도 하지 않고 매일 놀며 즐기기 위해 온 것이 아닌 나를 찾고 이 세상을 배우기 위해 태어난 것이다. 그러면 약간의 실수는 웃어넘길 수 있는 마음에 여유가 생길 것이다.

나에게 꿈이 있다면 현실의 소소한 일들은 그냥 웃으면서 잘 넘길 수 있다. 그런데 내가 오로지 돈 때문에 비참하게 그 일을 하고 있다고 생각하면 스스로 더 초라하게 느껴지고 힘이 든다. 모든 중심을 내가 아닌 상대에게 맞추려고 하면 나중에는 허탈감이 온다. 중심을 상대가 아닌 내가 하는 일에 맞추어야 한다.

　자신에게는 자신만의 특별한 능력이 있다. 밭에 뿌린 씨앗도 싹이 트기까지는 시간이 필요하다. 농부는 씨앗을 뿌리면서 싹이 나올지 아닐지 걱정하지 않고 그냥 뿌린다. 그리고 곡식이 자라고 열매가 열리기까지는 또 그만한 시간을 기다려야 한다. 아무리 옆에 앉아서 걱정한다고 해도 익지 않은 과일을 따서 먹을 수는 없다. 묵묵히 참고 기다리는 시간이 있어야 한다.

06

주위 사람들과
비교를 한다

사람은 혼자서는 살아갈 수 없기에 공동체를 이루는데, 이 공동체 안에서 끊임없이 누군가와 비교를 하며 살아간다. 그리고 마치 행복의 조건이 상대적인 것처럼 여기며 살아오고 있다. 사람은 항상 자신보다 더 나은 사람과 비교하며 살아간다.

어떤 일을 할 때 쉽게 지치고 힘이 들었던 이유는 그 일에 너무나도 많은 기대와 에너지를 쏟고 일을 하기 때문이다. 기대치가 높으면 높을수록 사람도 일도 쉽게 실망하고 포기하게 된다. 어떤 일을 할 때 너무 힘주지 말고 그냥 하면 되는데 말이다.

항상 자녀들을 기죽이지 않고 키우려고 했다. 하지만 현실이 마음처럼 따라주지 않을 때는 속상하다. 오늘은 문화의 날이었다. 하루 종일 휴대폰만 쳐다보는 아이들이 안타까워 맛있는 것을 사준다며 어르고 달래서 도서관에 갔다.

작가와의 대화도 있었고 그림전시회도 들러 구경을 했다. 여기까지 왔으니 위층에 올라가서 보고 싶은 책을 보라고 했다. 그랬더니 아이들은 잠깐 올라갔다 내려와서는 그냥 가자고 했다. 여기까지 왔으니 책 좀 보라고 해도 자신들이 보고 싶은 새로운 책을 사달라고 한다.

결국 서점에 가서 사고 싶은 책을 사라고 현금을 주었더니 좋아라고 뛰어간다. 나는 오랜만에 핫도그를 하나씩 사먹으면서 남편에게 아이들 기죽이지 말자고 했다. 남편도 수긍을 했다.

주위를 둘러보면 나보다 더 힘들고 어려운 환경에 있는 사람도 많은데 나는 유독 나만 힘들다고 생각했다.

집안과 밖에서 자기 자신에게 하는 게 다르다. 다른 사람에게 맞추려고 '예, 예.' 하다 집에만 오면 변한다. 이제는 자기 자신에게 먼저 잘해보자. 자신에게 당당해보자.

주위를 둘러보면 어려운 환경 속에서도 돈도 많이 벌고 성공한 사람들이 많다. 나는 힘든 일이 있으면 계속해서 피하고 경험하지 않으려고 애썼다. 육체적인 고통을 겪지 않으려 하면 정신적인 고통을 경험한다고 한다.

왜 그토록 힘이 들었는지 알 것 같다. 고통을 느끼지 않으려고 싫은 것을 자꾸 회피하려고만 하다보니 저항감이 더욱 거세졌던 것이다. 매번 피하고 도망치기에 바빴다. 억지로 하다 보면 주위 사람들과 비교를 하게 되고 그것이 점점 나를 나약하게 만들었던 것이다.

주위 사람들과 비교하면 모든 일이 지지부진하고, 마치 도살장에 끌려가는 소처럼 억지로 살게 된다. 누군가와 비교하는 순간 남들이 살아가는 방식대로 따라가게 된다.

이제는 정말 내가 좋아하고 잘할 수 있는 일에 미쳐보자. 주위 사람들과 비교를 하면 항상 그들보다 뒤처진다. 비교하는 순간 행복은 달아난다. 감사함을 잊지 말자. 그 일을 할 수 있는 것에 감사하고 자기 자신에게 감사하자.

07

내가 이 세상에 온
이유를 아는가

이 세상에 태어난 이유를 안다면 삶이 그렇게 어렵지는 않을 것이다. 우리는 밤하늘의 별을 보며 아름답다고 한다. 당신도 그 별 중에 하나이다.

나는 계속 뭔가를 해야 한다며 마음의 짐을 짊어지고 살아왔다. 끊임없이 내 안에서 일을 만들고 있었다. 새롭고 가슴 뛰는 일을 원했다. 현실이 따라주지 않아도 일을 억지로 만들어서 그것을 잡으려고만 했다. 그러나 얼마 못 가 다시 용수철처럼 원상태로 되돌아오곤 했다.

나의 마음을 돌아보지 않으면 결코 남을 도와줄 수도 없고, 남은 시간 동안 행복하게 살 수 없을 것이다. 그동안 누군가에게 맞추기 위해 끊임없이 노력했다면 이제는 자신을 돌아보자. 보여주기 위해서가 아니라 나를 찾고 사랑하기 위해 태어났다는 것을 깨닫자.

사랑받고 싶지 않은 사람이 어디 있으랴? 누구나 사랑받고 인정받기를 원한다. 예쁜 옷 입고 남들 앞에서 이야기하고 인정받기를 원한다.

어떤 이들은 스스로 부모와 환경을 선택하여 왔다고 이야기한다. 좀 더 유연한 마음으로 내가 무엇을 배워야 하는지를 생각해보자. 꼭 자신이 부족하고 못나서 그 정도뿐인 것이 아니다. 학습하기 위해 태어난 것이다. 그러면 더 이상 자신을 비난하지 말고 있는 그대로의 모습으로 받아들일 수 있을 것이다.

자신의 가치를 쉽게 매기지 말자. 아직 우리는 우리의 진면목을 찾지 못했다. 우리는 그저 부모님의 하룻밤의 실수로 이 세상에 태어난 것이 아니다. 우리는 정말 어렵게 힘들게 소중하게 태어났다. 그러므로 우리의 부모와 형제들 이웃을 소중히 여기고 감사하게 생각하자. 그들도 곧 나이기 때문이다.

20대 시절의 어느 날, 잠실역에 많은 사람들이 쏟아져 나오는 걸 보고 그때 '저 사람들이 다 잘되었으면 좋겠다.'라고 생각한 적이 있다. 순간 마음이 밝아지면서 나의 모든 번뇌들이 싹 사라져버렸다. 그리고 그때 내가 궁금해하던 질문에 대한 의문들이 풀렸다.

그 당시에 어머니에 대한 걱정을 많이 하고 있었는데, 나의 어머니는 나를 낳아 길러주는 인연이 있었다. 필연으로 만난 것이다. 우리 형제들도 다 각자 살아가야 할 모습들이 있었다. 내가 걱정한다고 되는 것이 아니었다.

평소의 나의 마음이 아니었다. 그러다 옆 사람과 이야기를 하는 순간 예전 마음으로 돌아왔다. 그 마음은 순식간에 사라져버렸다. 마음을 크게 가지고 사람을 소중하게 대하려는 마음으로 인하여 그때 잠깐 마음이 열린 것 같다.

길가의 작은 잡초도 햇볕을 보기 위해 고개를 내밀며 살아가고 있다. 그리고 가을이면 작지만 작은 꽃도 피고 열매도 열린다. 그러니 함부로 짓밟지 말자.

나는 유난히 그런 것이 잘 보인다. 벽돌 틈 사이에 나온 작은 풀들이 여느 큰 나무 못지않게 예쁘고 아름답다. 사람도 인정받고 중요한 사람이 되고자 안간힘을 쓴다. 자신을 꽃피우고자 한다.

많이 넘어지고 시행착오를 겪은 사람만이 겸손하게 고개를 숙일 수 있고 너그럽게 받아들일 수 있다. 그것이 진정 아름다운 것이다. 자기가 경험하지 못한 것은 누구에게도 이야기할 수가 없다.

우리 마음속에는 덜 성숙한 어린아이와 같은 마음이 있다. 몸만 커졌을 뿐이다. 그러니 자신에게 너무 완벽함을 요구하지 말자. 덮어놓고 있으면 남들에게도 그만큼 요구하고 강요하게 된다.

이 세상은 새로운 학습터이니 비관적으로 나는 머리가 나빠서, 게을러서, 대학을 나오지 않아서, 집이 가난해서 등의 이유로 더 나아질 수 없다고 생각하지 말자.

사람은 누구나 열등감 투성이이다. 하지만 그렇기 때문에 열심히 사는지도 모르겠다. 조금씩 쉬지 않고 나아가다 보면 좋은 날도 있을 것이다.

지금의 내가 과거의 나라고 생각하지 말자. 과학자들에 의하면 사람의 세포는 11개월마다 거의 바뀐다고 한다. 그러니 이 모습도 과거의 내가 아니다. 새롭게 변한 것이다.

물결에 휩쓸려 다니듯 소신 없이 살지 말고 당당하게 서자. 다른 사람의 시선과 생각에 휩쓸리지 않는 강한 사람이 되자.

이제 새로운 시작이다. 이제는 자신을 너무 채찍질하거나 비난하지 말자. 몰아세우고 다그치지 말자. 대신 고삐를 좀 늦추고 바라봐주고 기다려주자. 실수를 하더라도 용서하고 인정해주자.

자신에게 너무 완벽을 바라지 말고 유머를 발휘해보자. '너 참 열심히 살아왔구나. 그동안 살아온다고 애썼구나.'라고 다독여주자. 사랑해주고 안아주자.

물질이나 눈에 보이는 것들에 너무 마음 빼앗기지 말고 더 근본적인 것을 생각하자. 집에 돈이 없으면 정말 힘들다. 그러나 당장 부자가 되려고 하기보다는 거북이처럼 천천히 가더라도 끝까지 갈 수 있는 끈기와 인내심을 기르자.

남들에게 잘 보이려고 큰일만 신경 쓰지 말고 나를 먼저 알자. 나의 역량을 생각하고 작고 소소한 것부터 해나가자. 다 자신의 역할이 있다. 그것을 찾는 것이 중요하다.

나는 겉으로 드러나는 사람들의 모습이 다 똑같아서 사람은 모두 같은 줄 알았다. 그러나 겉모양은 같지만 다 똑같지 않다는 것을 살면서 조금씩 알기 시작했다. 그러니 자신이 남과 다르다고 낙담하거나 자책하여 자신을 더 힘들게 하지 않기를 바란다.

자신이 어떤 사람인지 먼저 알고 가자. 자신이 어떤 모습이든 비난하지 말고 눈높이를 좀 낮추고 자존감은 좀 올리고 살자. '너는 이상한 것이 아니라 조금 특별한 것이다. 너는 다른 별에서 온 특별한 사람이다.'라고 말해주자.

오늘도 우리는 치열한 경쟁 속에서 살아가고 있다. 내가 밟고 올라서지 않으면 밟히는 세상에서 살아가고 있다. 더 크고 멀리 바라보며 살아가자. 우리는 꿈틀꿈틀 기어 다니는 애벌레로 살기 위해 이 세상에 태어난 것이 아니라 멋진 나비가 되기 위해 세상에 태어났다.

2장

자꾸만 불안하고
작아진다면

남들은 다
나보다 나아 보인다

"결코 넘어지지 않는 것이 아니라 넘어질 때마다 일어서는 것, 거기에 삶의 가장 큰 영광이 존재한다." - 넬슨 만델라

우리는 세상을 보고 경험하면서 계속 생각을 한다. 긍정적으로든 부정적으로든. 그리고 그것은 습관이 된다. 생각에도 에너지가 있기 때문에 어떤 생각을 오랫동안 많이 하느냐에 따라 인생은 달라진다.

나는 왠지 남들과 다른 삶을 살고 있다고 생각했다. 마치 달리기를 하는데 남들이 저만큼 앞서가고 있다면 나는 느리면서도 한참을 뒤처진 느낌, 머리도 좋지 않고, 행동도 느리고, 아는 것도 별로 없고, 모든 것이 뒤처졌다는 생각에 어디서부터 시작해야 할지 엄두가 나지 않았다.

투명한 유리벽에 갇힌 느낌이 들었다. 그래서 오히려 더 거만해질 때도 있었다. 긍정적인 생각보다는 피해의식을 느끼며 살았다.

집과 좋은 차가 있고 괜찮은 직장에 다니는 사람을 볼 때 부러웠다. 또한 우리 아이들이 기죽지 않을까 신경이 쓰였다. 그들을 보면 나 자신이 더 초라하게 느껴졌다.

다른 사람들은 결혼을 해서 아이들도 잘 키워놓고 몸도 건강해서 직장생활도 무난하게 잘하는 것처럼 보인다. 그러나 이것은 어디까지나 내가 보는 모습일 뿐이다.

그 사람들은 보이지 않는 곳에서 얼마나 많은 노력을 해서 그것을 이루었을까? 성공한 사람들을 보면 좋은 성공습관을 가지고 있다. 좋은 습관을 꾸준히 유지했으리라.

주위에 잘나가는 사람을 부러워하며 에너지를 뺏기지 말고 좋은 것은 배우자. 그러기 위해서는 나를 알아야 한다.

목표를 너무 높게 잡다 보면 쉽게 포기한다. 자신이 이루지 못한 원인을 알아야 한다.

내가 중요하다고 생각하는 일과 사람에 대해서는 더 비교한다. 중요하다는 기준은 무엇일까? 그것은 자존심이다. 지기 싫어하는 자존심도 버리고 쓸데없는 고집도 버리자. 그리고 한 가지를 끝까지 해내는 끈기를 기르자.

삶은 상처를 받고 그것을 치유해가는 과정이다. 결과를 인정하는 것이다. 엄청난 재물을 쌓는 것도 아니다. 물질의 많고 적음의 차이도 아니다. 단지 같아지는 것이다. 마음의 평행선을 유지하는 것이다. 일을 통해 사람을 통해 배우는 것이다.

영국의 시인 에드먼드 스펜서는 "불쌍한 사람과 행복한 사람, 부자와 가난한 사람을 만드는 것은 마음이다."라고 말했다. 기분이 나빠지는 방법은 끝이 없다. 기분이 나쁘기로 작정하면 세상 모든 것이 마음에 들지 않는다.

그렇다면 반대로 생각하면 어떨까? 기분이 좋아지기로 작정하는 것이다. 그러면 기분을 좋게 만드는 방법도 끝없이 발견하게 된다.

내가 어떤 생각을 주로 하고 있는지 알아야 한다. 기분 좋지 않은 감정에 오래 머물러 있으면 그것이 습관이 된다. 그럴 때는 빨리 긍정적인 생각을 하자.

얼마나 많은 사람들이 몸을 쓰며 힘든 일을 하고 있는가? 나는 그런 분들을 볼 때면 존경스러운 마음이 든다. 자의든 타의든 꾸준히 하고 있다는 것은 대단한 인내심과 체력이 있다는 것이다. 이왕 하는 일이라면 충분한 보람과 행복을 느끼면서 하면 더 좋을 것 같다.

음식점에서 일을 한다면 최고의 셰프라는 자부심을 갖고 맛있는 음식을 대접한다는 마음으로 한다면 최상일 것이다. 불교에서는 음식공양을 매우 중요하게 여기는 것으로 알고 있다. 청소도 마찬가지다. 더러운 곳이 깨끗하게 유지될 수 있는 것은 보이지 않는 분들의 수고가 있었기 때문이다.

그런 일을 하고 있다면 큰 자부심을 느끼고, 받는 입장이라면 그런 분들에게 감사해야 할 것이다. 깨끗한 세상을 위해 지저분한 곳을 쓸고 닦고 있지 않는가?

같은 일을 하면서도 마음을 다해 일을 한다면 음식은 더 맛있어지고 공간은 깨끗이 빛이 날 것이다. 그러면 그 사람의 운도 점점 나아진다. 하지만 같은 일이라도 불평하며 마지못해 하면 점점 몸과 마음이 어두워지고 시간낭비를 하고 있는 것이다.

내 안에 부정적인 마음이 없다면 정말 몸과 마음이 공기처럼 가볍고 홀가분할 것이다. 이 세상에 내 것이 어디 있는가? 좋은 것도 싫은 것도 적당한 거리를 두고 살자.

나도 참 집착이 많은 사람이었다. 그냥 살면 되는데 많은 집착을 하며 살았다. 두려움도 그 집착에서 생겨났다. 나를 좀 놓아주자. 홀가분하게, 가볍게 살아보자.

고집을 버리고 집착을 내려놓고 살자. 죽기 전에 미리미리 연습을 하자. 내가 아끼는 가족과 자식에 대한 마음도 천천히 내려놓자. 진정으로 사랑해서 갖는 마음인지, 아니면 내가 편하려고 갖는 마음인지 한번 생각해보자.

이제는 남과의 비교를 멈추고 나의 인생을 살자. 나 살기도 바쁜데 남에게 눈을 돌릴 시간이 어디 있는가? 세상에 태어나 해야 할 일이 다 다른데 어떻게 똑같을 수 있겠는가?

내가 하는 일에서 행복이 느껴지지 않을 때 자꾸 눈을 바깥으로 돌리게 된다. 지금까지 나와 힘겹게 살아온 나의 몸을 다독여주고 있는 그대로의 나를 사랑하고 인정해주자. 사실 다른 사람들은 나에게 그다지 관심이 없다.

세상은 우리에게 많은 것을 주고 있다. 작년 봄에 앞산을 가보니 산 중턱에 예쁜 라일락과 진달래가 피어 있었다.

'아, 산에도 꽃이 피는구나. 참 아름답다.'

산에서 보는 꽃은 평소보다 더 아름다웠다. 나풀거리는 그 꽃은 마치 선녀의 옷처럼 옅은 핑크색이었다. 그런 색은 생전 처음 보았는데 볼 때마다 신비로웠다. 가끔 자연을 보면서 마음도 치유해보자.

남과의 비교를 멈추고 나의 일을 묵묵히 꾸준히 해나가자. 언덕이 보이면 좀 천천히 가고, 돌부리에 걸리면 잠시 뒤돌아보고, 땀이 나면 땀을 닦으며 가자.

"어떻게 하면 나비가 될 수 있나요?"

"한 마리 애벌레의 상태를 기꺼이 포기할 수 있을 만큼 절실히 날기를 원할 때 가능한 일이란다."

우리는 알고 있으면서도 무심코 습관적으로 하는 일이 많다. 그런 자신이 지겹도록 싫을 때 행동하면 변할 수 있다.

나비가 되기 위해서는 계속해서 반복하는 자신의 습관을 포기할 만큼 절실히 날기를 원해야 한다. 잠든 내 안의 본성을 깨우자. 나비가 된 자신의 모습을 상상해보자.

나이는 들어가고
힘은 빠진다

"사람은 늙고 나이 들어서 새로운 도전에 대한 꿈을 중단하는 것이 아니라 새로운 도전에 대한 꿈을 접을 때 늙는다." - 엘링 카게

『약해지지 마』를 쓴 시바타 도요는 부유한 쌀집 외동딸로 태어나 부족함 없는 유년시절을 보냈지만, 10살이 될 무렵부터 가세가 기울면서 학교도 그만두고 더부살이를 해야 했다. 시바타 도요는 늦은 나이에 결혼하여 아들을 한 명 낳았다. 그리고 1992년에 남편과 사별한 후 줄

곧 홀로 생활했다.

독서, 영화, 노래 감상, 무용 등 다양한 취미를 가지고 살아온 그녀는 90세에 이르러 아들의 권유로 글쓰기를 시작했다. 그렇게 해서 99세에 첫 시집이 출간되었다.

"있잖아, 불행하다고

한숨짓지 마

(중략)

나도 괴로운 일

많았지만

살아 있어 좋았어

너도 약해지지 마"

뭔가를 이루기에 늦은 나이란 없다. 나는 남에게 뭔가 보여주려고 했기 때문에 힘이 들었다. 이제는 그 마음을 내려놓고 그냥 즐기면서 하자.

앞으로는 수명이 더 길어진다. 노후에도 즐겁게 할 수 있는 취미를 찾자. 마음을 크게 가지고, 모든 가능성을 열어놓고 시작하자. 우주만큼 높고 크게 생각하자.

2021년 1월 14일 〈경향신문〉 기사에 "동네의원 활용 우울증 조기 발견, 정신 건강 분야 5년간 2조원 투입"이란 내용이 있다. 코로나가 장기화되면서 정신건강 문제가 심각해질 수 있다는 우려에 따른 것이다. 이를 위해 올해에만 2,700억 원을 투입했는데, 이는 전체 보건예산의 3.5%가량이다. 코로나19가 장기화되면서 정신건강 문제가 심각해질 수 있다는 우려에 따라 권역별 정신건강 관련 연구 개발, 고위험군 조기 발견 등 국가적 대응책 마련에 나선 것이다.

올해는 직장인들 사이에서도 건강을 많이 챙기겠다는 이야기가 많이 나왔다. 우리는 건강이 제일 중요하다고 하면서도 맨 끝에 두고 살

때가 많다.

　이제는 정신 건강이 중요하게 여겨진다. 몸의 아픔은 치료하면 되지만 그 몸이 아프기 전에 마음이 먼저 아팠을 것이다. 내 몸의 보이지 않는 주인인 마음을 잘 살펴보자.

　요즘 뉴스를 보더라도 딱히 좋은 얘기를 찾아보기가 어렵다. 집에 오래 있다 보면 밖에 나가기도 싫고 우울감이 더 심해진다. 나만 뒤처진다고 생각하지 말자. 모두 힘들어하고 있다. 또 나만 잘되려고 하는 마음도 내려놓자.

　젊은 시절에는 두렵기는 해도 무엇인가 도전할 수 있는 패기가 있다. 그리고 실패하더라도 다시 일어날 수 있는 원동력이 있었다. 그러나 나이가 들수록 의지가 약해져 자신을 한없이 초라하게 느끼기도 한다.

　전에는 남의 일처럼 보이던 갱년기가 더 이상 남의 일이 아니었다. 몇 년 전과는 확연히 다른 것을 느낄 수 있다. '과거에는 의욕이 넘쳐났는데…' 하고 비교하며 잘하지 못하고 이루지 못한 것에 대해 후회를 한다.

스스로 느끼지 못했을 뿐, 그때는 정말 열심히 살았다. 절대 자신을 자책하지 말고 작은 것부터 하나하나 해나가도록 하자.

아이들에게 미안하다는 생각을 많이 한다. 마음대로 되지 않으니 힘이 들었다. 이제라도 풍요롭고 행복한 생활을 누리겠다. 마음부터 고쳐먹자.

나는 겁이 참 많았다. 그래서 경험하고 드러내는 것과 복잡한 것을 싫어했다. 돈은 왠지 나와 어울리지 않을 것 같은 느낌이다. 잘 살고 싶으면서도 그것을 가로막고 있는 감정이 있었다. 나는 그것을 잠재의식이라 생각한다.

어떤 감정이 입력되면 자연스럽게 그것에 익숙해진다. 나를 가로막고 있는 불편한 느낌과 감정들을 찾아 지워나가자.

로마의 애국자 마르쿠스 포르키우스 카토는 80세에 그리스어를 배웠다. 칼망은 전 세계로부터 110세 생일에 축하 인사를 받았다. 118세에 그녀는 공식기록 사상 최장수 인물이 되었다. 장수 비결이 뭐냐고 묻자, 그녀는 이렇게 말했다.

"나는 될 수 있는 대로 좋아하는 일을 했다. 분명하고 도덕적으로 행동했으며, 후회하지 않았다. 나는 정말 운이 좋았다."

나이 들어 수명이 길어지면서 오히려 더 많은 일을 하는 사람들이 늘어나고 있다. 100세 시대라고 하는 그 시간들을 알차게 살아가기 위해 지금부터 준비를 해야 한다.

나이가 들면 지난 날을 돌아보며 더 열심히 살지 않았음을 후회할 때가 있다. 그러나 후회하는 데 초점을 맞추지 말고 경험에 바탕을 두고 노력해보자.

나이든 사람에게는 젊은 사람 못지않은 경험이라는 강점이 있다. 그

장점을 살려 전문가가 되고자 한다면 할 수 있다. 지금은 나이가 아닌

마음과 경험이 중요하다.

남편과의 관계가
소원해졌다

"성공하려면 당신을 찾아오는 모든 도전을 다 받아들여야 한다. 마음에 드는 것만 골라 받을 수는 없다." - 마이크 가프카

어렸을 때 아버지는 나를 무척 예뻐해주었다. 그러나 내가 점점 자라면서 아버지가 무서워지기 시작했다. 목소리도 크고 엄한 아버지가 싫었다. 그런 얼어붙은 마음으로 나는 사춘기에 접어들었다.

외로움을 유달리 많이 느꼈다. 그러면서도 어렵고 불편한 사람은 왠지 가까이 할 수 없었다. 두려웠기 때문이다. 나 자신이 마음에 들지 않았다. 그런 나는 마음을 꼭꼭 숨기며 살았다.

무뚝뚝한 나는 남에게도 한 치의 실수를 용납하지 못했다. 나의 뜻대로 되지 않는 세상에 대해 보이지 않는 벽을 치고 살았다. 사람은 어울릴 때는 어울려야 하는데, 어디에도 내 마음을 꺼내놓지 못했다. 사람이 겪어야 하는 감정들을 억누른 채 나 자신에게 희생을 강요하면서 살아왔다.

아이들이 태어나자 나는 오로지 아이들에게만 집중했다. 그때부터 남편을 오로지 돈 벌어오는 사람으로 생각했다. 큰아이가 남자아이였는데, 가끔 불화가 생기면 아이는 울고불고 "아빠는 맨날 동생만 예뻐한다."라고 했다. 그럴 때면 나는 더 힘들었다. 돈이 없는 것은 참고 살겠는데, 이런 문제까지 생기니 숨이 막혔다.

명상을 하기 전에는 내가 엄청 예의바르고 남에게 조금의 피해도 주지 않는 사람인 줄 알았다. 남편도 아버지와의 사이가 좋지 않았고, 어머니에 대한 감정이 애틋했다.

사람은 상대적이라는데 내가 그런 마음이 있어서 그러는지도 모르겠다. 최선을 다하고 이해해주는 남편이 정말 감사하고 고마운 사람이다. 나를 이해해주고 내가 하고 싶다는 것을 할 수 있도록 배려해줘서 고맙게 생각한다.

인간관계에는 악기 줄과 같이 조율이 필요하다. 너무 팽팽하게 당기면 줄이 끊어지고 너무 느슨하면 소리가 나지 않는다. 하모니가 필요하다. 이제는 행복을 선택하겠다. 하고 싶은 말은 상대방의 기분 상하지 않도록 할 것이다.

주위에서 남편 때문에 이혼을 생각하는 사람들을 종종 보게 된다. 남편이 한눈팔고 있는 것을 알게 된 것이다. 처음에는 많이 힘들어한다. 그러나 시간이 지나면서는 오히려 아는 것이 차라리 낫다는 생각을 한다. 상대도 본인도 생각할 수 있는 시간이 필요하기 때문이다.

바람을 피지는 않더라도, 사람이 어떻게 평생을 한 사람만 쳐다보면서 살아갈 수 있겠는가? 조랑말처럼 뛰어다닐 습성이 있는 사람을 묶어둔다고 가만히 있겠는가? 그렇지 않은 사람도 많지만, 나이가 들면 각방을 쓰는 부부도 많다. 아무리 부부가 같이 산다고는 해도 죽을 때까지 같이 갈 수는 없다.

가슴 아픈 일이지만 나를 돌아보기 위한 조건이지 않을까? 그렇게 마음을 바꿔 먹자. 다 풀지 못한 한이 남아 있겠지만, 자신의 본래의 모습을 찾는 것이 우선이다. 그러면 오히려 그렇게 원수 같던 상대가 오히려 더 고마운 사람일 것이다.

먼저 자신을 돌아보는 것이 중요하다. 나의 어떤 부분 때문에 상대가 싫어하는지를 알아야 한다. 그것은 꼭 다른 사람을 위한다기보다는 자기 자신을 위해서라도 알아야 한다.

삶은 끊임없는 학습이고 공부이다. 그것이야말로 돈을 주고도 살 수 없는 값진 경험일 것이다. 그래서 죽을 때까지 배워야 한다고 했나 보다.

　사람이 살면서 무엇보다도 인생에 의미를 찾는 것이 중요한 것 같다. 삶의 진정한 의미를 찾자. 그러면 고민할 시간도 심심할 여유도 없을 것이다. 자신을 위해 투자하자.

　오늘은 아침에 눈을 뜨니 이런 생각이 들었다.

　'내가 쓰레기다. 이 세상에서 가장 큰 장애물이 나 자신이구나.'

　이때까지 나를 너무 아끼고 사랑했기 때문에 습관을 바꾸지 않고 이대로 살아온 것이다. 내가 그렇게 싫어한다고 하면서도 끝까지 놓지 않고 있던 것들, 게으르고, 욕심 많고, 겁 많고, 움직이는 것을 싫어한다고 해도 이 모든 것을 내가 너무나 좋아했기 때문에 그렇게 해올 수 있었던 것이다.

　진정으로 나를 사랑한다면 바꾸고 비워내고 나를 버려야 한다. 생물

학적인 몸이 아니라 타성에 젖어 살아온 나의 습관들을 끊어내자. 좀 과격하게 들리겠지만 결단이 필요하다. 또 나를 진정으로 사랑한다면 기존의 패턴을 바꾸고 새롭게 학습할 필요가 있다. 이 시대에 발 맞춰 변해야 한다.

가을이면 나무는 낙엽을 떨어뜨린다. 자신이 살기 위해 불필요한 것을 끊는 것이다. 그래야 모진 겨울을 견뎌 낼 수 있기 때문이다. 과거의 나를 버리는 연습을 해야 본래의 내가 산다. 나를 무시해야 한다. 내가 하지 못한 것을 남을 탓하고 있었다.

사람이 살아가면서 중요한 것은 공포와 외로움이다. 우리를 가장 힘들게 하는 것도 다름 아닌 외로움이다. 사람은 사회적인 동물이기 때문에 인정받으려 애쓰고 알아주기를 바라며 자신이 엄청 중요한 사람이 되고 싶어 한다.

상대는 나를 비춰주는 거울이다. 우리는 상대를 통해 나를 본다. 말과 행동과 단점만 보지 말고 내가 상대를 어떻게 바라보고 있는지 나를 돌아보자.

아는 언니와 이야기하다 알게 되었다. 지인의 남편이 오래 전부터 다른 사람과 사귀고 있어 이혼을 할까 고민 중이라고 했다. 나는 그 언니에게 이혼한다고 모든 것이 끝나는 것은 아닐 거라고 얘기했다. 대신 언니가 하고 싶은 일을 하면서 살라고 했다. 이혼은 그 후에 생각해도 늦지 않을 거라고 했다.

부부가 오랜 시간 같이 살다 보면 관계가 소원해질 수 있다. 그럴 때 집착하기보다는 자신을 좀 더 돌아보는 시간을 가지면 어떨까 생각한다.

물론 한쪽이 잘해도 일방적으로 그러는 사람도 있다. 모르는 채 속고 산다고 다 좋은 것은 아닐 것이다. 마음은 아프지만 인생에서 더 크게 성숙할 수 있는 기회가 될 수도 있다.

나는 남편에 대한 기대가 크지 않다. 대신 나의 인생을 후회하지 않

도록 열심히 살려고 노력한다. 자신이 추구하는 것은 서로 존중하며

살아간다.

좀, 뻔뻔해져도
괜찮다

나는 글을 쓴다고 책을 여기저기 늘어놓았다. 웬일인지 중1 딸아이가 사다놓은 책 중에 한 권을 들고 조용히 방에 들어가 읽어보는 것이다. 아무런 말도 없이. 순간 우리 딸이 참 많이 컸다는 생각이 들었다.

어제는 딸이 악기를 배우는데 같이 배우는 언니들과 오빠들은 선생님이 잘한다고 칭찬을 했다고 한다. 같이 배운 친구도 지금은 많이 좋아졌는데 자신만 머리도 나쁘고 실력이 늘지 않는다고 하면서 울고 들어오는 것이었다.

순간 나는 마음이 씁쓸했다. 나에게도 어린 시절의 아픔이 있었기 때문이다. 지금이야 결혼도 하고 수십 년 살아오다 보니 나아졌다고는 하지만 이제 막 사춘기를 겪고 있는 딸이 넘어야 할 산이라고 생각하니 미안하고 안타까운 마음이 들었다.

나는 딸에게 일기를 쓰라고 했다. 일기를 쓰면서 또 운다.

'좀 더 강해져야 해!'

나는 착한 아이가 되기 위해 나를 포장하고 살았다. 어린 시절 아버지에게 혼나지 않기 위해, 어머니에게 칭찬을 듣기 위해 온갖 칭찬받을 일만 골라서 했다. 다른 사람 비위에 거슬리지 않기 위해 얌전하게 행동했다. 한편 다른 사람이 그렇게 하지 않으면 불만스러웠다. 내가 내마음대로 행복하게 살았다면 그들의 행동이 이해가 됐을까?

결혼을 하고 보니 어른들의 부정적인 말과 큰 소리, 불평불만들을 고스란히 나의 가슴에 안고 살고 있었다는 것을 알 수 있었다. 마치 시 한폭탄을 안고 있는 듯했다. 그것이 때로는 남편이나 자식들에게 튀어 나오고 있었다. 어떤 조건이든 내 마음 속에 있는 것이 나오지, 없는 것은 나오지 않는다.

어렸을 때를 생각해보니 어머니는 한여름에는 김매는 것이 힘들어 이른 아침에 나가면서 나에게 아침밥을 챙겨오라고 했다. 나는 아버지 아침 식사 챙겨드리고 밥을 가져가는 것이 귀찮고 신경 쓰여 차라리 내가 일찍 밭에 나가겠다고 했을 만큼 부담되는 일은 잘하지 못했다.

'싫은 소리 좀 들으면 어떤가. 욕 좀 먹으면 어떤가.'

처음부터 실수하지 않고 일을 완벽하게 잘하는 사람이 어디 있는가. 왜 그렇게 실수하는 것을 두려워하는가. 남들의 판단을 왜 그렇게 두려워한단 말인가.

이제는 천천히 시작하는 일은 묵묵히 시간이 걸리더라도 꼭 끝을 보자. 마음을 조급하게 먹지 말자. 나에게 용기가 생기면 주위의 시선에 흔들리지 않을 것이다. 좀 더 낮은 마음으로 상대방의 충고도 기꺼이 받아들이겠다는 마음의 준비를 하자. 준비를 하고 있으면 새로운 '배움'이라는 경험이 쌓인다.

화나면 화난다고 말을 하자. 나는 말을 잘할 줄 몰랐고, 화내는 법도, 따지는 법도 몰랐다. 이제는 강한 사람이 되자고 마음먹자. 그리고 나에게 주어진 환경은 나를 성숙시키는 것이라 생각하고 배우려는 마음을 갖자.

다 자신에게
투자하라

"행복의 비밀은 자신이 좋아하는 일을 하는 것이 아니라, 자신이 하는 일을 좋아하는 것이다." - 앤드류 마티스

투자의 사전적 의미는 '이익을 얻기 위해 어떤 일이나 사업에 자본을 대거나 시간이나 정성을 쏟음'이다. 가만히 생각해보니 '본디 내 것이 어디 있나?' 하는 생각이 든다. 모두 세상 것을 얻어 쓰고 있다. 잠시 빌려 쓰고 있는 것이다.

자신이 무엇인가를 얻고자 한다면 자기 것을 먼저 내놓아야 한다. 마음을 꺼내야 한다. 아무것도 내놓지 않으면 대신 얻는 것도 없다. 먹는 것은 아까워하지 않는 반면에 자기 '자신'에 대해 투자를 한다거나 '배움'에 대해 투자하는 것에는 인색하다. 세상에 공짜는 없다.

옷을 사든 책을 사든 경험을 사든 그만한 대가를 지불해야 한다. 나는 나 자신을 위해 무엇을 투자할 것인지를 생각해보자. 기부를 하는 것도 넓은 의미의 투자다. 자신에게 투자를 하자. 그것이 곧 자기 사랑의 시작이다.

지인 중에 폐지 줍는 할머니가 있다. 초등학교를 졸업하고 서무 일을 도와주다 결혼을 해서 3남 2녀를 낳았다. 화장품 일도 하고 옷 장사를 해서 모은 돈으로 경기가 좋을 때 재개발 지역에 집도 한 채 샀다.

그러다 큰아들이 사업자금을 대달라고 하고, 이혼한 막내딸이 작은 가게라도 하나 내달라고 해서 집을 팔았다. 재개발 소문이 돌았지만 더 이상 기다릴 수가 없었다.

아들의 사업은 처음에는 잘나가는 듯 보였지만 경제 위기로 내리막 길을 가게 되었다. 전에 살던 집 주위는 재개발이 되어 큰 건물이 들어섰다. 그러나 할머니는 단칸방에 살면서 용돈이라도 벌겠다며 폐지를 줍고 있다.

열심히 살지 않았기 때문에 이렇게 된 것이 아니다. 급한 마음에 자식을 먼저 생각하다보니 그런 결과가 주어진 것이다. 자식의 사업이 잘됐으면 좋았겠지만 세상 일이 다 뜻대로 되지는 않는다.

강해져야 한다. 자식에게 투자하면 잠깐은 알아줄지 모르지만, 시간이 지나면 또 원망한다. 진정으로 성공하고자 하는 마음이 있는 사람들은 부모가 도와주지 않더라도 역경을 딛고 성공하는 사람들도 많다.

우리 아이들이 게임을 오래 할 때 시력이 안 좋아질까 봐 잔소리를 하는데, 말을 듣지 않는다. 스스로 원해서 공부든 일이든 하길 기다리는 수밖에 없다. 나 자신에게 투자를 하고 열심히 사는 모습을 보인다면 아이들은 스스로 잘해나갈 것이라 믿는다.

결혼하고 우울증이 찾아왔다. 잘할 수 있는 일도 없고 막막했다. 엄마가 행복해야 아이들에게도 그 기운을 전달해 줄 수 있을 것 같아서 공부를 하며 나를 알아가기 시작했다.

우울증에서 계속 헤어 나오지 못했다면 나는 계속해서 남편을 원망하고 아이들에게 화풀이를 했을 것이다. 그나마 무언가 배울 수 있는 일이 있어 마음을 돌릴 수 있었다.

엄마가 행복해야 아이도 행복하다. 밖에 나가 의욕적인 마음으로 일할 수도 있다. 그러나 그러기에 앞서 당신이 사회생활을 두려워한다면 먼저 당신의 마음을 돌아보고 자신을 알아야 한다. 당신 잘못이 아니다. 마음에 에너지를 충전하자.

우리는 무소의 뿔처럼 혼자서 가려고 한다. 즉 '믿을 사람 아무도 없어. 이제부터는 강해지고 독해져야 해.' 하며 다른 사람에게 빈틈을 보이지 않으려 한다. 그런 사람은 곁에만 가도 그런 기운이 느껴진다.

자기 자신을 얼마만큼 이해하고 사랑하는가? 우리가 살아가는 것은 결국 사랑을 배우기 위함이 아닐까 생각한다.

독하게 공부를 하고 일을 해서 돈을 많이 모으고 생활이 달라져도 결국 당신 마음에 자기 사랑이 없다면 언젠가는 감정이 폭발할 것이다. 당신이 가장 먼저 투자해야 하는 시간과 돈도 결국에는 자기 사랑을 찾고 실천해가는 것에서부터 시작한다.

이제부터는 나를 사랑해주고 내 안에 있는 사랑이 아닌 것은 사랑으로 바라봐주자. 그러면 사랑 그 자체만 남는다. 마치 금을 찾아내는 것처럼. 이것이 가장 먼저 해야 할 자신에 대한 투자이다.

부모님 때문도 아니고 가난도 학벌 때문도 아니다. 타인 때문만도 아니다. 타인은 당신이 이유를 붙이는 변명에 지나지 않는다. 이미 태어날 때부터 그런 요인으로 열등감을 가지고 태어났다. 잘났든, 못났든, 돈이 많건, 적건, 누구에게나 열등감은 다 있다.

우리는 우주에 충만한 어머니와 같은 사랑을 배우기 위해 지구라는

별에 내려왔다는 것을 기억하라.

당신의 인생을
살아라

누군가에게 칭찬을 하며 기다려주고 믿음을 심어주면 더 잘하려고 한다. 사람들은 처음부터 빨리빨리 진행되기를 바란다. 하지만 행동이 좀 느린 사람이 있다. 행동은 느릴지 모르지만 창의력은 더 뛰어날 수 있다. 그런 사람은 시간이 지나면서 더 유능한 사람이 된다.

회사 전체적으로 봤을 때 가장 유능한 사람은 일만 잘하는 사람이 아니라 함께 조화를 이루는 사람이다. 요즘은 대기업에서도 이런 사람을 원한다.

하루를 1년처럼 살고 1년을 10년처럼 산다는 마음가짐으로 살아보자. 지금부터 시작하자. 20평대의 아파트지만 30평대라는 마음으로 바라보고 불필요한 것은 버리고 깨끗이 청소한다면 지금 있는 곳도 나쁘지 않다.

지금 불행하다고 느끼는 이유는 내가 가진 것과 이룬 것이 아무것도 없다고 생각하기 때문이다. 그런데 생각해보니 나는 이때까지 뭐든 내가 하고 싶은 일을 했다. 그때는 그것이 최선이라고 생각하면서 말이다.

사람은 자신이 기억하고 싶은 것만 기억하고 생각하고 싶은 것만 하고 있다. 그것도 잘못한 부분을 더 생각하고 있다. 이제 시작한다는 마음으로 하자. 무언가를 배운다는 것은 정말 신나고 가슴 뛰는 일인 것은 틀림없다.

이제는 더 이상 당신이 하고 싶은 것을 미루지 말고 두려워하지 말고 한 발 앞으로 다가가보자. 매일매일 자신을 사랑하는 것을 연습하자. 몸이 아프다면 자신을 좀 더 사랑의 눈으로 바라보자.

'나는 나를 사랑해.'

외롭다고 꼭 이성을 먼저 찾지 말고 자기 사랑을 먼저 하자.

'나는 점점 모든 것이 달라지고 나아지고 있어. 나는 나를 사랑한다.'

공포는 바로 사랑이 약이 되고 치유가 된다. 그것이 빛이고 에너지다. 그 사랑이 온 세상을 비추어주고 사람들의 어두운 마음을 없애준다. 당신의 사랑이 채워지면 모든 것은 저절로 채워지고 이루어진다.

사랑은 항상 나와 함께 있다. 내가 쉬는 숨 속에도 음식에도 물에도 나의 세포에도 모든 곳에 다 녹아 있다. 너무나 가까이 내 안에 있어 잊어버리고 밖에서만 찾는다.

내가 미워하는 누군가가 있다면 그도 나처럼 사랑에 목마르고 열등감이 많고 자신을 사랑하지 않는 사람일 수 있다. 당신이 보는 그 사람은 다름 아닌 당신 자신이다. 자신을 미워하는 것이다. 상대에게 사과받기를 바라기에 앞서 먼저 자신에게 사과하고 인정하자.

사랑받고 싶다는 마음은 또 사랑을 많이 주고 싶다는 마음과 같다. 다른 사람을 위해 사랑을 나누어줄 많은 사랑이 있는 것이다. 사랑을 베풀면 오히려 더 많이 가득 찰 것이다. 누군가를 사랑한다는 것은 곧 나를 사랑하는 일이다.

사랑이 꼭 남녀의 사랑만 있는 것은 아니다. 일도 사랑이다. 봉사도 사랑이다. 먼저 자신을 사랑하자. 날씨가 추우면 얼음이 얼고 따뜻하면 녹는다. 당신의 마음이 녹을 때까지 온기를 채우자.

진정으로 중요한 것을 잊지 말고 살아야겠다.

07

당신이 진정으로
간절히 원하고 있는가

나는 자기계발을 위해 강의를 듣기로 했다. 강의가 주말에 시작하는 줄 알았는데 알고보니 금요일 저녁 8시에 시작하는 것이었다. 그런데 내가 살고 있는 곳의 막차가 7시 50분이었다.

한참을 고민하다 알아보니 저녁 마지막 기차만이 남아있다는 것을 알게 되었다. 하는 수 없이 기차표를 예매했다.

기차 타는 곳까지는 전철로 1시간 정도 이동을 해야 했다. 나는 양해를 구하고 30분 정도 일찍 나왔다. 다행히 처음 강의는 일찍 나와서 15분 정도의 여유가 있었다. 조금 더 듣고 와야 했나 아쉬움도 들었다. 문제는 두 번째 강의 때였다.

세상에 쉬운 일이 어디 있겠냐만은 성남까지 갈 생각을 하면 귀찮았다. 그러면서도 막상 도착하니 열기가 넘치는 강의장 분위기, 무엇보다도 열정이 넘치는 김태광 강사님을 보면서 올라오기 정말 잘했다는 생각이 들었다.

강의를 계속 듣다 보니 욕심이 생겨서 그날은 조금 더 늦게 출발하게 되었다. 전철을 타려고 내려갔는데 한참을 기다린 후에야 전철이 도착했고, 왕십리에서도 15분 가까이 기다린 후에 청량리 가는 전철이 도착했다. 나는 계속 시계를 보면서 초조하게 기다리다 전철을 타고 청량리역에 도착했다. 시간이 7분 정도밖에 남아 있지 않았다.

급한 마음에 길도 낯설고 그만 KTX 타는 곳으로 내려가게 되었다.

시간이 부족하다보니 여기가 맞겠지 하며 그냥 내려갔다. 그런데 건너편에서 어떤 분이 나에게 어디 가려고 하냐고 물어보는 것이었다. 원주 간다고 했더니 이 차가 막차인데 놓치면 없다고 빨리 이쪽으로 건너와야 한다는 것이다.

'에고, 그건 나도 알고 있는데.'

나는 급히 계단을 올라갔다. 그냥 건너편이니까 바로 올라가면 보이겠지 생각했는데 전혀 다른 상황이 펼쳐졌다. 그곳은 밖으로 나가는 출구 방향이었다.

급한 마음에 지나가는 사람들에게 원주 가려면 어디서 타느냐고 물어봐도 다들 모른다고 했다. 깃발을 들고 일하시던 안전요원 할아버지라면 알겠다 싶어 물어보니 관리실에 가서 물어보라고 한다. 거기까지 들어가서 물어볼 시간이 없었다.

나는 갑자기 당황하여 다리에 힘이 쭉 빠졌다. 기차를 놓치면 어떡하나 하는 두려운 마음이 들었다. 마치 꿈을 꾸고 있는 것 같았다.

다행히 더 위쪽으로 올라가니 광장이 보이고 한쪽에 '원주, 제천' 팻말이 보였다. 나는 있는 힘껏 뛰고 싶었지만 마음이 급하다고 빨리 뛸 수 있는 것도 아니었다. 그리고 간신히 마지막 기차를 탔다.

다행히 기차는 출발하지 않고 있었다. 계단에서 시간을 보니 3분 정도가 남아 있었다. 나는 문이 열려 있는 기차에 몸을 실었다. 미리 준비하지 못한 내가 조금은 야속했다. 그리고 나의 좌석을 찾아 숨을 가라앉히며 앉았다.

무슨 영화를 찍는 것도 아니고, 이게 무슨 일인가? 조금 더 일찍 나왔어야 했는데, 더 듣고 싶은 욕심에 그랬다. 사람이 진정으로 원하는 일이면 무슨 일이든 불가능을 뛰어넘는다는 것을 알 수 있었다.

힘들어도 일부러 나를 더 단련시키기 위해서 금요일 저녁에 강의를 시작하는지도 모른다고, 다 뜻이 있을 거라고 생각했다.

억지로 하려고 하지 않고 힘이 들지만 내가 원해서 하는 일이라 재미있고 보람 있다는 생각이 들었다. 하나하나 배워갈 때마다 마치 퍼즐 맞추듯 되어가는 것이 신기했다.

사람들과 소통하며 나처럼 어렵게 살아온 사람들에게 희망을 주고 더 밝고 행복한 세상을 만들어가고 싶다. 세상을 위해 나도 필요한 사람이 되고 싶다.

힘든 역경을 이겨내고 그 자리에까지 오를 수 있는 사람은 정말 존경스럽다. 진정으로 간절히 원하는 것은 어떻게든 이루어진다. 성공한 사람들은 하나같이 가슴 뛰는 일을 한 사람들이었다.

사람은 나이와 상관없이 늦었다고 생각할 때가 가장 빠른 것이다. 삶에 의욕이 없는 것은 시대나 정치, 부모나 남편 아내 자식 때문이 아니다. 당신이 진정으로 하고 싶은 것을 아직 찾지 못했기 때문이다. 희망적인 일을 찾자. 그리고 어려움이 오더라도 포기하지 말고 끝까지 하자.

하석태의 『세일즈 성공 법칙』을 보면 이런 내용이 있다.

"사람들은 누구나 가슴 깊은 곳에 각자의 돋보기를 하나씩 가지고 있다. 이 돋보기를 잘 사용하는 사람이 있는가 하면, 평생토록 한 번도 사용해보지 않는 사람도 있다. 나는 이 돋보기의 사용여부가 성공을 결정한다고 믿는다."

우리가 어떤 일을 이루기 위해서는 법칙이 있다. 수학도 공식이 있다. 성공에도 성공법칙이 있다. 그러기 위해서는 성공습관부터 만들어야 한다고 강조한다.

성공하기 위해서는 습관이 중요한데, 습관에는 좋은 습관과 나쁜 습관이 있다. 먼저 좋은 습관을 만들어야 한다. 그렇지 않으면 나쁜 습관이 만들어지기 때문이다.

여기에서 알아야 할 중요한 사실은, 좋은 습관은 고통이라는 터널을 지나야 만들어진다는 것이다. 성공 습관을 만들기 위해서는 이 고통을 명현반응이라고 생각하고 즐겨야 한다고 말한다.

사람 마음 바꿔 먹기가 죽기보다 힘들다고 하지 않는가? 어떤 어려움
이 오면 쉽게 좌절하고 피하게 되는데, 곧 좋은 일이 오고 있다는 뜻으
로 생각하고 받아들여야 한다.

어려움을 잘 이겨내기 위해서는 명확한 목표가 있어야 한다. 왜 이
일을 하는지 명확한 목표가 있어야 한다. 그래야 어려움을 이겨 낼 수
있는 힘이 생긴다.

나는 물질적인 성공을 떠나 끊임없이 의미 있고 가치 있는 삶을 추
구하며 살았다. 내 안에는 항상 두 마음이 싸우고 있었다. 한쪽은 이
일을 해야 하는 타당성을 이야기하고, 다른 한쪽은 혹시 다른 사람에
게 피해를 주는 것은 아닌가 염려했다. 자신의 옷차림이 못마땅하다는
등 이리저리 핑계를 대고는 하루가 순식간에 지나가버린다.

왜 최선을 다하지 못하는가? 나를 잊고 자아가 사라질 만큼, 신이 감

동할 만큼 최선을 다해야 한다. 결코 시간이 문제가 아니다. 자신이 두려워하는 그 마음의 벽을 무너뜨릴 만큼 간절히 원해야 한다.

자신을 먼저 설득시켜야 한다. 걸리는 것이 있다고 하면 그 부분을 누군가에게 이야기를 해서 풀든지 해야 한다. 혼자 가슴에 담아두고 있으면 시간만 흐를 뿐이다.

생각하고 있는 것들을 재래시장에서 상인들이 물건을 풀어놓듯 꺼내어보자. 그 순간 자신이 가진 생각이 맞는 것이 아니었다는 것을 알게 되고 한층 더 나아갈 것이다. 그러면 에너지가 집중되고 살아있음을 감사하게 느낄 것이다. 돋보기에 햇빛을 집중시켜 종이를 태우듯이 힘을 집중시켜야 한다.

물도 100도가 되어야 끓는다. 쌀도 밥이 되기까지는 물과 불이 필요하다. 물이 들어가야 하고 뜨거운 열이 필요하다. 그래야 더 맛있는 밥을 먹을 수 있다. 자신을 내어놓아야 한다. 더 큰 나를 만날 수 있다.

08

당신만의 일을
하고 있는가

"위대한 성과는 소소한 일들이 모여 조금씩 이루어진 것이다."

― 빈센트 반 고흐

70억 인구 중에 똑같은 사람은 단 한 명도 없다. 그렇듯 잘할 수 있는 일도 각기 다 다르다. 그리고 그 일을 익히고 손에 익숙해지려면 일정한 시간이 필요하다. 처음에는 당연히 서툴고 실수를 한다. 처음부터 잘해내는 사람은 없다. 어떤 마음으로 하느냐가 중요하다,

대부분 성공한 사람들을 보면 그 일을 좋아하는 사람들이 성공한다는 것이다. 좋아했기 때문에 꾸준히 할 수 있는 것이다. 자신만의 일을 하는 사람은 진정 행복한 사람이다.

『아주 작은 반복의 힘』에 보면 이런 내용이 나온다.

"연말이 되면 수백만 명의 사람이 다가올 해를 기다리며 새로운 목표들을 세운다. 살을 빼자, 규칙적인 생활을 하자, 담배를 끊자, 술을 줄이자, 외국어를 마스터하자, 스트레스를 다스리자 등등."

우리는 이러한 것들을 단기간에 해내려고 한다. 그러나 갑작스러운 변화에 몸과 마음의 변화는 그렇게 오래가지 못한다고 한다.

우리는 이러한 것들을 수없이 결심하기를 반복한다. 그러면서 '나는 의지가 약한가 보다.' 하고 포기하고 한탄하기도 한다. 모든 것을 조급하게 해내려고 하기 때문이다.

한 조사에 따르면 사람들이 10년 동안 같은 결심을 반복한다고 한다. 그리고 그중 4분의 1이 첫 15주 내에 포기하고, 다음 해에 또 같은 결심을 한다는 것이다.

책에서는 스몰스텝 전략에 대해서 이렇게 이야기한다. '스몰스텝 전략'은 반복되는 실패를 멈출 수 있는 대안이 된다는 것이다. 중요한 것은 속도가 아니라 반복이었다. 얼마나 꾸준히 지속적으로 재미있게 오래 할 수 있는지가 중요하다.

"우리의 뇌는 변화를 무척이나 싫어한다. 뇌의 입장에서 환경이나 상황이 변하는 것은 생존이 위협받는다는 신호이기 때문이다. 이런 까닭에 변화가 급격하고 과격할수록 뇌의 저항 또한 강렬하고 격해진다. 그래서 뇌가 변화라는 것을 인지하지 못할 정도로 아주 작고 가볍게 뇌를 속일 필요가 있다."

누구나 처음 면접을 본다든지 낯선 환경과 사람에 대해서는 긴장을 하고 스트레스를 받게 된다. 그런데 작은 변화가 재미있는 것이라면 더 좋을 것이다. 뇌가 재미있는 것에 대해서는 맞서 싸워야 하는 적이 아니라 함께 놀고 싶은 친구처럼 반응하기 때문이다. 아이들이 게임에 집중하는 이유이다.

이때 중요한 것은 속도가 아니다. 속도에 치중하다 보면 결국 중심을 읽고 넘어지기 쉽기 때문이다.

자신의 능력이나 자질과 체력을 알 수 없다면 너무 쉬워서 포기하지 않을 정도로 낮은 수준에서 시작하라고 한다. 그래야 흥미와 재미를 붙일 수 있고, 이것이 일을 꾸준하게 할 수 있도록 돕는다. 그렇게 하면 궁극적으로는 목표지점에 더 빠르게 도달할 수 있다.

어린 시절 부모님이 일을 시키면 마지못해서 한 일이 많았다. 그러다 보니 내가 하고 싶은 일은 어른들만큼이나 잘했지만 그렇지 않은 일은 대충 하기도 했다. 그렇다고 누가 크게 뭐라 하지도 않았다. 그러다 보니 성장한 뒤에도 반복되고 재미없는 일은 하기 싫었다.

요즘은 온갖 종류의 맛있는 음식과 볼거리가 넘쳐난다. 나는 먹는 것에 유독 약하다. 과거에 못 먹고 살았다고 생각했는데 그나마 그때 음식을 과하게 먹지 않은 것이 오히려 다행인 것 같다.

『절제의 성공학』에 보면 식사에 관한 내용이 많이 나온다.

"타고난 직업을 갖지 못하는 이유는 항상 제멋대로 먹어서 마음이 흐트러지고 게을러지기 때문입니다. 마음이 엄정하면 일을 못하게 하는 수많은 방해물을 뚫고서라도 일을 해냅니다."

식사를 매일 엄격히 실행해보고 만약 이것이 쉽다면 반드시 성공할 것이고 그렇지 않다면 평생 성공할 수 없다고 판단하면 된다고 한다.

일을 하다 보면 식사시간이 일정하지 않는 경우가 있다. 직장생활을 할 때는 규칙적인 생활을 하는데 집에 있다 보면 이것이 지켜지지 않는 경우가 많다.

또 식사를 절제하는 것은 마음에 안정을 주고 몸을 보살피는 근본 이라고 이야기하고 있다. 매일 규칙적인 시간에 식사를 해야 하고 분수 보다 많이 먹으면서 식사 시간까지 불규칙하면 논할 가치조차 없다고 한다.

요즘은 음식물 쓰레기가 많이 나오는데, 음식은 금은보화보다 더 소 중하게 생각하라고 한다. 세상에서 가장 소중한 것이 하늘과 부모로부 터 받은 생명이고, 이 생명을 지키고 길러 만든 것이 음식이다. 생명보 다 더 소중한 것은 없다.

사람이 이 세상에 태어날 때 자기 먹을 것은 가지고 태어난다고 하지 않는가? 음식이 정말로 중요하고 또 함부로 하면 안 된다는 것을 알 수 있는 말이다.

우리는 물질의 풍요 속에서 살아가고 있다. 마치 먹지 않으면 바보처 럼 느껴지기도 하고, 먹으려고 일하지 않느냐고 하기도 한다.

허전하다고 먹고, 스트레스 받는다고 먹고, 배가 차도록 먹고 싶을 때가 있다. 무엇보다 마음이 허전해서 음식을 찾는 경우가 많다. 음식을 골고루 먹어야 하는데 탄수화물 위주로 먹다 보면 살이 찐다.

사람이 성공하기 위해서는 음식의 즐거움보다 성공의 즐거움을 더 누리라고 한다. 기쁘면 먹지 않아도 배가 부를 것이다.

무엇보다도 자신만의 일을 찾아 힘이 들더라도 끝까지 하자. 이때 규칙적이고 계획성 있게 생활하는 것이 중요하다.

오늘 해야 할 일은 미루지 말고 오늘 해야 한다. 오늘 해야 할 일을 내일로 미루고, 내일 해야 할 일을 그다음으로 미루면 결국 몸과 마음이 병들어 아무 일도 이루지 못한다고 한다.

요즘 넘쳐나는 온갖 볼거리와 정보, 게임에 몸과 마음을 빼앗기지 말고 정말 정신을 집중해야 한다.

3장

이제는 자존감을
점검해봐야 할 때다

01

어린 시절의 상처를
안아주자

어린 시절 경험은 사소한 일도 상처가 되고 기억에 오래 남는다. 그리고 그 기억을 평생 가지고 살아간다. 한번 경험한 두려움을 다시는 경험하지 않으려 한다. 점점 자신을 보호하고 포장하려 한다. 과거는 이미 흘러가고 없는데 말이다. 대부분 안 좋았던 기억을 더 오래 가지고 산다. 더 이상 상처받기 싫은 감정 때문에 그렇게 했던 것 같다.

초등학교 들어가기 전 막내인 나를 아버지는 무척 예뻐해주었다. 멀리 잔칫집이나 제사가 있는 날이면 항상 나를 데리고 다녔다. 한번은 제사가 끝난 늦은 달밤에 아버지께서 나를 업고 온 기억이 떠오른다. 집에 맛있는 것이 있어도 항상 나를 먼저 챙겨주었다.

성장하면서 나는 아버지가 술을 마시면 어머니와 다투는 모습을 보면서 차라리 아버지가 없었으면 좋겠다는 생각을 했다.

초등학교 2학년 때쯤이었을까? 그날은 무슨 일인지 아버지가 낮에 술을 마시고 식구들을 모두 죽인다고 언니들을 쫓아다녔다. 언니들은 아버지를 피해 멀리 도망갔고 나와 어머니는 집 뒤 억새풀 사이에 숨어 아버지가 잠잠해지기를 기다렸다.

다음 날 학교 갔다 와서 작은방에서 혼자 놀고 있는데, 밖에 인기척이 느껴졌다. 찢어진 창호지 틈 사이로 밖을 내다보니 아버지가 내가 있는 방 쪽으로 걸어오는 것이 보였다.

나는 아버지가 무안해하실까 봐 뒷문으로 나가지도 못하고 방구석에 쭈그려 머리를 깊숙이 파묻은 채로 앉아 있었다. 심장은 두근거리고 몹시 두려웠다. 아버지는 방문을 한번 열어보시더니 이내 닫으셨다. 사자 앞의 토끼처럼 몹시 두렵고 무서웠다.

나는 아버지에게 반항하는 법을 알지 못했고 항상 피하려고만 했다. 거기서 이겨낼 수 있는 방법을 터득하지 못했다.

내면에서 올라오는 수많은 이야기들을 이제는 떠나보내고 흘려보내자. 관심을 갖고 따스하게 바라보면 어두운 무의식에서 밝은 의식 세계로 전환된다. 밝은 자각의 빛 속에서 곰팡이는 없어진다. 사람은 '감정'을 먹고산다.

과거의 자신이 싫었기 때문에 두려웠고, 겉으로는 아닌 척 연기를 하고 있었다. 남들에게 인정받으려고 했다. 하지만 아물지 않은 상처는 곳곳에서 생채기를 내다가 어느 순간이 되면 걷잡을 수 없이 폭발한다.

이제는 그 초라했던 과거를 어루만져주고 안아주자. 피하려고만 하지 말고 그대로 바라봐주고 흘러가도록 보내자. 상황을 바꾸려 애쓰기보다는 지금 이 순간 벌어지는 일에 호기심을 갖고 바라보면 더 많이 알게 된다.

내 안의 이야기를 감추려 하는 이유는 그것을 대면보려 하지 않기 때문이다. 그것을 부끄러워하거나 두려워하기 때문이다. 자신의 내면을 경청할 줄 아는 사람이 다른 사람의 이야기와 상처도 경청할 수 있다.

결혼을 한 후, 비슷한 상처를 가지고 있는 사람은 자신의 아픔으로 인해 상대를 더 괴롭히는 것을 본다. 자신의 내면에 귀를 기울이고 자신과 마주하는 시간이 필요하다.

우리에게도 치유의 시간이 필요하다. 그것이 치유되지 않았을 때는 계속해서 직장생활에 적응하지 못해 타인과 부딪치고 어려움을 겪게 된다.

지금 생각해보니 과거는 나를 키우고 성장시키는 시간이었다. 그 상처를 끌어안고 그동안 뭔가 남들 눈에 보이는 것을 이루려고 했고 갈망했다는 것을 알게 되었다.

그 과정은 행복하지 않았다. 나를 인정해주지 않고 사랑해주지 않아서 늘 비슷한 사람을 만나고 있었다. 이제는 나를 이해하고 그 상처를 인정하고 어루만져주자.

대부분의 상처는 스스로 가지고 있는 것들이 많다. 남들이 볼 때는 별것 아니지만 자신은 그것을 목숨처럼 아끼고 있다. 아무리 나이가 들어도 마치 자신의 훈장인 양 버리지 못하고 있다. 그러나 과거의 것을 비워내야 새로운 것을 담을 수 있다.

이제는 과거의 아픔도 잘 풀어보자. 그리고 새로운 나를 만나도록 연습을 하자. 과거의 어린아이를 찾아 잘 설명해주자. 쓰거나 노래를 부르거나 그림을 그려서 지난날의 응어리가 풀릴 때까지 시간을 갖자.

아이들 키울 때, 아이들에게 들려주었던 동요 〈구슬비〉가 생각난다.

"송알송알 싸리 잎에 은구슬

조롱조롱 거미줄에 옥구슬

대롱대롱 풀잎마다 총총

방긋 웃는 꽃잎마다 송송송"

우리 마음속에는 동심이 있다. 나이나 지위 고하를 막론하고 동심의
세계로 돌아가보자. 어린 아이를 찾아 이제는 두려워하지 않아도 된다
고 이야기해주자. 순수한 마음으로 돌아가자.

감정이
나 자체는 아니다

내가 생각하는 모습이 나의 전부일까? 다른 사람이 나를 보면 어떤 생각이 들까? 내가 생각했던 것보다 좋은 점을 볼 수도 있고, 내가 못 보는 나의 안 좋은 모습을 더 잘 볼 수도 있다. 내가 나를 잘 아는 것 같지만, 잘 보지 못하는 것도 자기 자신이다.

말은 '하는 사람' 입장이 아닌 '듣는 사람' 입장에서 해야 한다. 상대가 어떻게 받아들일지를 생각하고 해야 한다. 듣는 사람 입장이 중요하다.

남편은 아침에 신문이나 방송 이야기를 할 때가 많다. 그런데 나는 아침에 좀 부정적인 이야기를 들으면 기분이 좋지 않다. 될 수 있으면 아침에 하지 않으면 좋겠다고 했는데 또 하는 것이다. 나는 한마디했다. 그랬더니 답답해서 그런단다.

상대가 들어서 좋은 이야기가 있고 그렇지 않은 이야기가 있다. 한 소리 한 것이 미안해서 사무실은 춥지 않느냐고 했더니 춥다고 한다. 이야기를 듣고 나니 남편 입장이 조금은 이해가 된다. 가장의 입장에서 많이 힘들 것이다.

상대가 무엇에 관심이 있는지, 그런 말을 하면 어떤 느낌이 들지 생각하고 말하라고 했다. 물론 가족이니까 편하니까 본인의 생각을 이야기하겠지만 가족이라고 해도 긍정적인 방향으로 말을 해주면 좋을 것 같다. 잠깐의 언쟁이었지만 하고 나니 많은 것을 생각하게 해주었다.

열린 마음으로 받아들이고, 불평하거나 탓하기보다는 대비를 하고 준비를 해야 한다. 내가 할 수 있는 일이 무엇인지를 생각해야 한다. 대비하지 않았다면 지금부터라도 해야 한다. 건강을 지키고 꿋꿋하게 우뚝 서야 한다.

새로운 봄을 맞이하기 위한 준비 기간이다. 앞으로 세상에 나가기 위한 준비를 해야 한다.

우리는 끊임없이 선택을 하며 살아간다. 내가 이렇게 살아오는 이유 중 하나는 계속해서 하나의 선택을 해오고 있다는 것이다. 그리고 결과적으로 잘한 것도 있고 때론 아닌 것도 있다는 것이다. 자신이 하는 것이지만 다 맞는 것은 아니다.

아이들과 치과에 다녀왔다. 딸아이는 이가 아픈데도 말을 하지 않아 늦게 가게 되었다. 다시 갈 생각을 하니 걱정이 되었다. 그런데 막상 치과에 가게 되면 내가 생각했던 것만큼은 불안하지 않음을 느낄 수 있다.

우리는 어떤 일을 하기 전에 그 일에 대해 미리 걱정을 하기도 한다. 막상 그 일을 하게 되면 걱정은 사라진다.

그럼 어떤 마음이 진짜 나의 마음인가?

과거부터 늘 끊임없이 했던 내 안의 소리들. 나는 살아오면서 겁이 많았다. 그래서 유독 어떤 일을 하는 데 있어 두려워하는 마음이 컸던 것이다.

이제는 올바른 용기를 내고 도전해보자. 선택의 폭을 넓히자. 거짓 자아에 속지 말자. 삶이 힘든 이유는 마음만 있는 것이 아니라 몸이 기억하고 있다. 몸이 기억하고 있기에 습관을 이겨내기 어렵다.

좀 피곤해서 낮에 잠깐 쉬려고 하다가 유튜브를 보게 되었다. 그랬더니 잠이 확 달아나 버렸다. 이렇게 요즘은 한번 전자기기의 재미에 빠지면 피곤한 줄도 모른다. 그런데 이것이 뇌 입장에서는 굉장한 스트레스라고 한다. 자기 자신은 재미있게 산다고 생각하지만 또 많은 스트레스를 받으며 살아가고 있는 것이다.

오늘은 아이들이 작은 다툼이 있었다. 서로 다투다 보면 꼭 어른 싸움으로 번지기도 한다. 아들은 큰 소리로 울며 자신이 온갖 잔심부름을 다 했다면서 억울함을 토로했다. 별것 아닌 것이 나중에는 눈덩이처럼 커졌고 아들은 어린 시절 이야기를 하면서 몹시도 억울해했다.

그때 하필 남편은 아들한테 요즘 무슨 게임을 하느냐면서 휴대폰 좀 보자고 했다. 아들은 또다시 반항을 하고. 나는 왜 하필 이런 때 물어보느냐고 했다. 그랬더니 남편이 아예 가족회의를 하자고 했다. 가족이 모두 모여 아들은 자신이 억울한 것을 말하고 서로의 이야기를 했다.

남편은 아들과 종종 부딪치곤 했다. 너무 딸 편만 들기 때문에 아들이 억울해했다. 인정받지 못하고 억눌려 있던 감정은 언젠가는 폭발하기 마련이다. 남편은 규칙을 정하자고 했다. 그래서 나는 오늘은 아들의 의견을 존중해서 법을 제정하는 날이라고 했다.

시작은 기분이 안 좋았지만 잘 해결되었다. 앞으로 어려운 일이 있으면 글을 쓰고 서로 이야기하자고 했다. 딸 아이를 나무란 것이 미안해서 옆에서 같이 잤다. 그리고 나는 시간이 아까우니 게임은 이제 좀 조금씩만 하자고 했다.

딸은 아침에 일어나면 휴대폰을 하고 싶어했다. 그래도 자신의 문제를 어느 정도 인식하고 있으니 개선점이 보였다. 역시 대화를 하며 소통을 하니 문제 해결이 수월했다.

살면서 고민을 꺼내놓지 못했다. 한마디로 나를 바라볼 수 있는 거울이 없었다. 어두운 감정에 너무 빠져 있으면 스스로 힘들다는 것을 안다. 자신이 느끼는 감정들이 모두 자신이라는 생각은 내려놓고 더 긍정적으로 나아가자. 감사하는 자에게 감사가 넘치게 된다.

찰스 스펄전의 말을 떠올려보자.

"우리가 받는 축복에 대해

하나님께 감사드릴 때

우리는 축복을 연장받은 것이 되고

우리가 불행에 대해

하나님께 감사드릴 때

우리가 당한 불행을 끝내게 됩니다."

감사는 긍정의 마음을 가지게 해준다. 감사한 마음을 먼저 가지게 되면 환경보다 먼저 마음이 변화된다. 감사는 항상 우리가 살아가면서 잊지 말아야 하는 말이다.

마음에도
근육이 필요하다

"한 가지 생각을 선택하라. 그 생각을 당신의 삶으로 만들어라. 그걸 생각하고, 꿈꾸고, 그에 기반해서 살아가라. 당신의 몸의 모든 부분, 뇌, 근육, 신경을 그 생각으로 가득 채우고 다른 생각은 다 내버려둬라. 이것이 성공하는 방법이다." - 스와미 비베카난다

마음도 강해지기 위해서는 연습이 필요하다. 온실 속 식물은 강한 비바람에 쉽게 시들지만 야생에서 자란 식물은 비바람에도 꿋꿋이 서

있다. 어려움이 오는 것은 나를 단련시키기 위해서 오는 것이다. 더 크게 성장하기 위해서다.

『거절당하기 연습』의 저자인 중국의 지아 장은 미국에서 10년 동안 일반회사에서 근무하다 창업을 했다. 사업을 시작한지 3개월 만에 제품개발에 성공했으나 회사를 운영할 자금이 없었다. 투자자금을 유치하기 위해 수많은 사람을 만났지만 번번이 거절당했고, 어쩔 수 없이 결국 사업을 접게 되었다. 이후 거절에 대한 두려움이 더 커졌다.

그는 어린 시절 선생님이 학교에서 칭찬하는 친구의 이름을 부르면 그 친구가 선물을 받아가는 이벤트를 시작했다. 점점 남은 친구의 숫자가 줄어들고 나중에는 자신만 남았다는 것을 알게 되었다.

결국 선생님은 마지막으로 지아 장에게 선물을 주었고 지아 장은 결국 혼자 맨 나중에 쓸쓸하게 자리에 돌아갔다. 장난꾸러기였던 그는 그때부터 소심한 아이가 되었다.

그는 어릴 때부터 갖고 있던 거절에 대한 두려움을 극복하지 않으면 안 되겠다고 생각했다. 그러다 거절에 익숙해지면 이겨낼 수 있다는 기사를 보고 '100번 거절당하기'에 도전했다.

지아 장은 여러 가지 거절당하기를 시도하다 당연히 거절당할 것이라고 예상했던 요구가 의외로 받아들여지는 경우도 많다는 사실에 놀란다. 당연히 거절당할 만큼 황당한 제안도 당당히 요청하자 들어주는 사람들이 있다는 놀라운 사실을 알게 된다.

"거절은 내게 있어 두려움 그 자체였다. 늘 도망치고 있었기 때문에, 거절의 두려움은 평생 나를 따라다니며 괴롭혔다. 그런데 거절에 익숙해지자 거절은 오히려 나에게 많은 기회가 되었다. 이제 거절은 내 인생 최고의 선물이다."

지아 장처럼 직접 부딪치고 도전하는 방법도 좋은 것 같다. 자꾸 피하려고 하면 두려움은 점점 커진다. 실제로 행동하면 자신이 생각만 하고 있었다는 것을 깨닫게 된다.

우리는 막연히 과거에 자신이 경험했던 불안을 또다시 느끼지 않을까 하는 두려움을 가지고 있다. 오지도 않은 일을 막연하게 두려워하고 있는 것이다.

무대에서 발표를 하게 되면 누구나 불안하다. 그런데 사람은 자신이 가장 불안해한다고 생각한다. 정도의 차이는 있지만 누구나 다 불안을 느낀다. 다만 전문가들은 반복과 학습에 의해 더 잘하게 되는 것이다. 그러니 처음부터 너무 완벽하게 잘하려고 하는 그 마음부터 내려놓자.

무대 위, 수백 명의 대중 앞에서 연설할 수 있는 기회는 좀처럼 흔하지 않다. 만약 그런 기회가 주어진다면 충분히 그 자리에 설 수 있는 역량이 있을 것이다.

사람들은 특히 관중의 눈에 압도된다. 그래서 혹시 자신이 실수를 해서 오히려 망신을 당해 차라리 하지 않는 것만 못하지 않을까 걱정한다. 그러면 그럴수록 못하겠다는 마음만 커진다. 내 마음속 열등감은 계속해서 내가 하지 못하는 이유를 댄다. 그것이 수십 년이 된다.

진정으로 남 앞에 서려고 한다면 가르친다는 마음보다는 내가 함께 경험하고 배운다는 낮은 마음으로 하면 좋다. 처음부터 큰 무대는 불러주지도 않을뿐더러, 작고 소소하게 경험한다는 마음으로 시작하자.

청소년 시기는 정말 중요한 시기이다. 자아를 확립하는 시기이기 때문에 정서가 불안할 수 있다. 학교는 선생님 위주의 교육이 아닌 생각하는 힘과 창의력을 길러주는 기초 교육이 이루어지면 좋겠다.

두꺼운 교과서를 보면 나의 머리가 혼미할 지경이다. 공부를 따라가지 못해 학습을 포기하는 아이들도 많다. 그런 아이들은 자존감이 바닥이다.

수학 시간에는 하루 한 문제를 제대로 풀고, 영어 시간에는 자신이 이루고 싶은 꿈을 한 문장 쓰기, 수업시간에 좋아하는 인문학 책 읽기, 글쓰기, 시 짓기, 수필쓰기 등, 학생들이 스스로 생각할 수 있는 실질적인 학습이 이루어지길 바란다. 생각하는 힘을 키우는 학습이 많아지면 좋겠다.

기초교육이 튼튼하게 이루어져 한 사람 한 사람이 소외되지 않는 행복한 학교를 만들어 수많은 인재들이 나오기를 희망한다.

〈한책협〉의 김태광 대표는 어린 시절 공부도 못했지만 본인의 소신과 자신이 하고 싶어하는 일이 있었기 때문에 성공할 수 있었다. 포기하지 않고 한 길을 가면 이루어진다는 것을 보여준다. 사람은 끊임없는 시행착오 속에서 마음의 근육이 단련되는 것이다.

재능은 타고나는 것이 아니다. 창의력을 일깨워줘야 한다. 누구나 한 가지는 특별히 잘하는 강점이 있다. 그것을 키워줘야 한다.

04

가볍게 살아가는 것을
배우자

사람은 누구나 좋았던 기억이든 싫었던 기억이든 한아름의 기억을 안고 살아간다. 그것이 자기가 살아왔던 흔적이기 때문이다. 나는 기억을 저 밑바닥에 덮어놓고 지금까지 제대로 보려고 하지 않았다. 멀리 던져버리고 싶은 마음뿐이었다.

솔직히 지금 하나하나 생각해보니 그렇게 고생한 것도, 힘든 일을 하면서 살아온 것도 아닌데 왜 그렇게 고생하면서 힘들게 살았다고 생각하면서 살아왔을까? 다른 사람들은 나보다 더 고생하면서 힘들게 살아왔을 텐데 말이다.

나는 용기가 없고 낯을 많이 가리는 아이였다. 서울에서 형부나 가까운 친척들과도 처음 인사를 할 때도 편안해지기가 부끄러워 피했다. 어른이 되어서도 어린 시절의 감정이 고스란히 남아 있어 몸만 성장한 것처럼 우울했다.

서울에 올라와서 처음 직장생활할 때, 마음이 어둡다 보니 당연히 몸도 부자연스러웠다. 그렇게 뚱뚱한 것이 아니라 좀 통통한 편이었는데도 나는 얼굴과 몸이 자꾸만 못마땅했다. 그래서 자꾸만 다이어트를 해서라도 날씬해지고 싶다는 생각이 많이 들었다. 그러나 나의 생활 패턴은 저항하면 할수록 튕겨진 용수철 마냥 제자리로 돌아오곤 했다.

요즘 우리는 물질의 풍요 속에 살아가고 있다. 한번 애착이 가는 물건은 떼어놓기가 힘들다. 시대가 발전하면서 생각은 많이 하고 행동은 조금만 하면서 행복 불균형이 일어나고 있다.

그렇게 붙들고 있었던 자식에 대한 집착도 결국은 나에 대한 집착의 반증이었다. 동물들도 성장하면 독립을 시키는데 아이들의 행복을 위해서라도 자식에 대한 거리를 두면서 살아가자.

우리의 삶은 여행이다. 산을 오르는 것과 같다. 높이 오르는데 짐이 많다면 지칠 것이다. 처음에는 한 보따리 가지고 출발했다가도 힘이 들면 불필요한 것을 하나하나 내다 버릴 것이다.

우리는 잠깐 여행을 가더라도 많은 짐을 챙겨서 떠난다. 그러나 정작 그곳에 가면 의외로 시간이 많다. 그러다 보면 입었던 옷을 빨아서 다시 입기도 한다. 그래도 전혀 불편한 것을 모르고 지나간다. 그럴 때 우리는 '이렇게도 살 수 있구나.' 하고 느낀다. 가볍게 훌훌 털어버리고 "나는 행복한 사람이다."라고 외치면서 가볍게 살아가자.

지금 매스컴이나 밖을 보면 세상이 금방 끝날 것 같은 모양새이다. 스피노자의 '내일 종말이 오더라도 한 그루의 사과나무를 심겠다.'라는 말처럼 사과나무를 심든 밤나무를 심든 한 그루씩 심어보자. 마음에

심듯 밖에 심든 어떤 비바람이 불어와도 흔들리지 않을 자신만의 나무를 심어보자. 그리고 애지중지 가꿔보자.

　과거의 기억들의 뿌리까지 털어내고 마음이 가벼워지면 몸도 덩달아 가벼워질 것이다. 그렇게 나비처럼 가볍게 살아가자. 입가에 미소를 띠면서 살자. 생각은 적게, 행동은 많이 하자.

조금은 더
단단해지자

단단해지기 위해서는 기존의 껍질을 깨고 나와야 한다. 그래야 더 큰

성장할 수 있다.

완벽주의 성격, 강한 자존심은 곧 열등감이다. 왜 그렇게 나를 지키

려고 했을까? 남의 시선이 겁나는 게 아니라 거기에서 생기는 부정적

인 나의 감정 때문에 더 힘들었던 것이다. 그 마음도 내려놓자.

자신을 진정으로 아낀다는 것은 아무런 경험을 하지 않는 것이 아니라 새로운 경험하는 것이다. 상처는 안아주고 치유하되, 때론 자신을 무시할 때도 있어야 한다. 자기 자신을 설득하자.

어떻게 하면 마음을 넓힐 수 있을까? 집에만 있지 말고 집 밖으로 나가자. 공원을 걷든 시장에 가든 해보자. 사람들의 모습 속에서 힘을 얻기도 한다.

집에 물감이 있다면 어린 시절 마음껏 하지 못했던 그림도 한번 그려보자. 꼭 화가처럼 잘 그릴 필요는 없다. 누구에게 보여주거나 전시를 할 것이 아니라면 너무 욕심을 부리지 말고 작게 시작해보자.

누군가의 간섭 없이 나의 생각대로 하면 창의력도 되살아나고 엔도르핀이 솟아날 것이다. 우리는 항상 다른 사람에게 맞추며 살아왔다. 또 그렇게 배웠다. 이런 작은 사소한 것이라도 나의 생각대로 해보자.

나를 사랑해주고, 있는 그대로를 인정하고, 나의 마음과 생각의 방향 초점을 바꾸기로 했다. 뜻이 있으면 길이 있다. 하고자 하는 일이 있으면 반드시 길은 열리고 바라는 바를 충분히 이룰 수 있다.

그러니 자신을 탓하고 세상을 원망할 필요는 없다. 원망하고 싶으면 그 시간에 책을 한 줄이라도 읽자. 당신은 뭔가 남들이 하지 않는 것을 시도해보라. 특별한 것 특별한 당신을 만들어라. 특별한 사람이 되어라. 그것이 남보다 앞서 나가는 것이고 성장할 수 있는 기회이다.

코로나로 인하여 중1 딸아이와 고1 아들이 거의 집에서 온라인으로 수업을 들었다. 나도 어쩌다 보니 자녀와 함께 있는 날이 많았다. 부부가 그러하듯 자녀와 함께 오랫동안 있다 보면 좋은 모습보다는 안 좋은 모습을 더 많이 보게 된다.

나 또한 아이들의 게임하는 시간 때문에 여간 신경이 쓰이는 것이 아니었다. 오랜 시간 같은 자세로 집중하다 보면 눈에도 안 좋은 영향을 미칠 것이고, 학교에서도 50분 공부하고 10분 쉬는데 좀처럼 시간 조절이 안될 때는 부모로서 무척 속상하다.

그런데 요즘은 아들이 많이 달라졌다. 내가 보기 위해 사다놓은 책도 한 권씩 가져가 읽고 있다. 늘 어린 것 같았는데 이제는 제법 의젓해졌다.

오늘은 추운 저녁에 급하게 심부름을 보냈는데 잘 갔다 왔다. 생활계획도 세우려고 하고 일기도 몇 줄 쓴다고 한다. 신문기사나 책의 내용을 이야기하면 곧잘 알아듣는다.

이렇게 변화된 모습을 보게 되어 기특하고 고맙게 생각한다. 식물도 계속 관찰하면 자라지 않는 듯 보이지만 며칠 만에 가보면 부쩍 자라 있다.

늦은 저녁, 아이 둘이 오목을 두며 도란도란 이야기를 한다. 가끔 서로 다툴 때는 속상하지만 둘이 많이 의지가 된다.

가끔은 시원시원하고 털털하고 당당한 사람을 볼 때면 부러울 때도 있다. 그러나 나는 나다. 내가 그 사람들이 될 수 없듯이 한편으로는 나 스스로 좋아하는 부분이 있었기에 지금의 성격을 유지해오고 있을 것이다. 조금은 모나고 부족한 자신이지만 스스로 인정하고 사랑하지 않는다고 하면 누가 나를 좋아해주겠는가?

거북이는 자신을 보호하기 위해 딱딱한 등껍질을 가지고 있고, 동물들도, 새도, 사람도 자신을 보호하기 위해 가죽을 입고 있다. 계속해서 올라오는 부정적인 생각들을 버릴 수 있는 장치가 필요하다.

아이가 신뢰감과 행복감을 발전시키느냐 못 시키느냐는 전적으로 부모가 아이에게 제공하는 환경에 달려 있다. 아이가 걷는 것을 배우면 주변의 환경을 지배하지만, 걷기 전인 인생의 첫 1년은 전적으로 부모에게 의존하기 때문이다.

부모가 주는 환경에 의해 12개월까지 아이가 낙관적인 렌즈를 안경에 붙이면 낙관적인 어른이 되고, 비관적인 렌즈를 발전시켜 나가면 모든 일을 비관적으로 보는 어른이 된다.

따라서 의존기에 아이에게 주어야 할 환경은 아이가 기본적으로 필요로 하는 욕구를 충족시켜, 아이가 잠재적으로 가지고 있는 가능성을 최대한 성취시킬 수 있는 것이어야 한다고 전문가들은 조언한다.

과거의 두려움 때문에 내가 하고자 하는 일을 언제까지고 미룰 수는 없었다. 두려움보다 하고자 하는 일에 대한 열정이 더 강했다. 그것은 사랑의 힘이었다.

나는 용기를 내어 도전했다. 실수도 조금 하고 떨렸지만 막상 해보니까 내가 생각했던 것만큼 두려운 일은 아니었다. 해냈다는 보람과 기쁨이 있었다. 처음에 망설이고 계속해서 두려워하고 피했다면 나는 조금도 앞으로 나아가지 못했을 것이다.

이제는 나의 목소리를 내어 이야기하고 싶다. 실패를 두려워하지 말고 미리부터 겁먹지 말자. 할 수 있다. 사람들은 당신의 변화된 모습을 기다리고 있다.

06

이제는
진정한 자신의 모습을 찾자

"의욕적인 목표가 인생을 즐겁게 한다." - 로버트 슐러

정말 마음이 힘들 때 자신에게 투자하는 것을 미루고 남겨놓았는가.
뭔가를 하기 위해 목적을 가지고 전투적으로 하는 것이 아니라 그냥
그대로 하자. 힘을 주지 말고 그냥 하자.

요즘은 정리정돈이 사람들의 관심을 끌고 있다. 집에 머무는 시간이

길어지다 보니 더 관심을 갖게 되는 것이다.

『청소력』이라는 책에서는 '당신이 살고 있는 방이 바로 당신 자신'이라고 한다. 사람의 마음 상태와 방은 서로 영향을 주고받아서 자장을 만들어낸다고 한다. 그래서 주위에 먼지가 쌓이고 물건들이 난잡하게 흐트러져 있으면 마음속에 이미 초조함이 자라고 있는 것이다.

목욕탕에 물때가 끼고 더러워져 있으면 치료를 받아야 할 만큼 극도의 불안한 상태라고 한다. 또 가족이 있는 사람이라면 방의 이곳저곳에서 가족의 마음 상태가 나타난다고 한다.

어느 남성이 금융에서 5천만 원 정도를 빌렸는데, 원래 수입보다 더 많이 쓰는 습관까지 있어서 급기야는 구조조정까지 당했다. 그는 이자와 카드지옥에 허덕이다 결국에는 악덕 사채업자에게도 손을 뻗게 되었고 갈 곳이 없는 상태에 빠지고 말았다.

그런데 옆에서 이런저런 조언을 해주어도 건성으로 듣고, 무슨 수를 쓰든지 당장 돈을 갚았으면 좋겠다고만 생각하거나 지금 당장 돈이 될 만한 것은 없냐고 재촉만 했다.

사람이 하나의 문제에 깊이 빠지면 쉽게 다른 사람의 이야기를 들으려고 하지 않게 된다. 이런 상태에서 돈을 빌려주어도 결국 원래 상태로 되돌아오기 마련이다.

그에게 "돈 이상의 것을 빌려줄게."라고 말하고, 돈 대신 청소를 할 수 있는 걸레를 주었다.

"이 상황에서 탈출하고 싶으면, 어쨌든 청소를 하고 화장실을 닦으세요."

그는 어이가 없다는 표정으로 쳐다보았다. 의미를 모르겠다고 하면서도 남아도는 것이 시간이었기 때문에 화장실을 반짝반짝 빛나게 닦기 시작했다.

5일 정도가 지나자 변화가 나타나기 시작했다. 그가 어렸을 적에 어머니가 일 때문에 자주 집을 비워서 외로웠던 것이 다시 생각났다고 한다. 그는 화장실을 깨끗이 닦으면서 오열했다.

며칠이 지난 후 여느 때처럼 화장실을 닦고 있는데 그 공간 전부가 빛이 나는 것처럼 보였고, 마음속이 충만한 느낌으로 가득 차올랐다고 한다. 그제야 그는 자신의 상황을 알아차릴 수 있었다. 그는 그 후 취직도 하고 생각보다 빠르게 부채를 전부 갚을 수 있었다.

금전 문제를 겪고 있는 사람에게는 화장실 청소가 좋다고 한다. 부엌과 화장실은 모두 물을 사용하는 곳이다. 이처럼 범위를 작게 설정하여 오염을 제거해나가면, 현재 일이 잘 진행되지 않는 원인이 마음속 깊은 곳에 있다는 것을 알아차리게 된다.

하루에 작은 공간이라도 정해서 꾸준히 청소를 한다면 많은 도움이 된다고 한다. 작은 범위라도 몸을 부지런하게 움직이자.

지인 중에 장사를 하는 사람이 있는데 항상 가게가 어수선하고 지저분했다. 급기야는 사채를 끌어다 썼는데, 맨날 돈에 쫓기는 악순환이 계속되었다. 이야기를 해주어도 당장 돈이 급하니 언제나 마음이 쫓기고, 업종을 바꾸어도 쉽게 나아지지 않았다.

내가 전에 일하던 회사에서도 재정적인 압박이 심해져 공장 안에 쓰레기들이 쌓여 있었다. 그러나 심리적으로 불안하면 이런 것들이 더 보이지 않는다.

어른이 되었지만 우리들 마음속에는 과거의 상처들이 남아 있다. 사회를 탓하고 상대를 탓하기보다 더 근본적인 문제를 찾으면 행복하고 넉넉한 마음이 되고 그 마음으로 살면 보람이 있다.

새롭게 태어난다는 생각으로 자신의 오래된 습관들을 버리면서 앞으로의 삶을 시작하면 좋겠다. 분명 지금은 어려운 시기지만, 해가 뜨기 직전이 가장 어둡다고 하듯이 앞으로 더 좋은 날이 맞이하기 위한 준비기간이라고 생각하자.

사람이 힘든 이유는 첫째, 외로움이다. 항상 자신은 혼자라는 생각을 하면서 살아간다. 둘째, 자신을 사랑하지 않는 마음. 자기 자신에 대해 만족을 모르고 살아간다. 셋째, 타인을 원망하고 세상을 원망하는 마음. 미워하고 원망하는 마음을 내려놓고 긍정적으로 바라보자. 과거를 생각하고 비관하지 말고 남과 나를 비교하지 말자.

마음이 너무 앞서서 멀리 가도록 놓아두지 말자. 따라가지 말고 앞서 가자. 항상 인식하고 당신의 삶을 밝히고 살아가자. 오직 당신을 위하는 삶이 모두를 위하는 삶이 될 것이다. 부모도 완벽하지 않다. 나도 많은 실수를 하면서 살아간다.

지금 제일 먼저 찾아야 하는 것은 자신감이다. 자신감은 할 수 있다고 나 자신을 믿는 마음이다. 작은 것부터 시작하자. 큰일만 일이 아니다. 꼭 남들이 나를 알아주고 인정해줘야 하는 것은 아니다. 작은 것이라도 내가 나를 인정해주면 된다.

07

자신에게 너무
완벽을 요구하지 말자

"지난 실수를 잊어라. 실패도 잊어라. 자신이 할 것을 빼놓고 전부 잊어라. 그리고 그 할 것을 실행하라." - 윌리엄 듀런트

사람은 부유해도, 많이 배워도, 돈이 많아도 또 채워지지 않는 마음이 있다. 주위 사람들에게 이야기를 해도 진정으로 나의 마음을 이해하지 않는다. 들을 때는 맞는 것처럼 수긍을 해도 큰 힘이 되지 못한다.

뭐든 긍정적으로 생각하자. 쓸데없는 자존심은 쓰레기통에 던져버리고 새로 태어났다는 마음으로 살자. 실제로 지금 막 태어난 아기보다 얼마나 많은 능력이 있고 얼마나 많은 경험이 쌓였는가?

사람으로 태어난 것에 감사하고, 대한민국에 태어난 것에 감사하고, 지금의 나보다 더 못나고 어려운 환경에 처하지 않은 것에 감사하고, 건강한 몸이 있다는 것에 감사하자.

시간은 누구에게나 똑같이 24시간이 주어졌다. 할 일이 없거든 집 청소라도 깨끗이 하고 불평하거나 불안한 마음이 들면 그 마음도 찾아서 버리자. 깨끗이 비워내자.

소등.

너무 밝은 불빛,
너무 시끄러운 소음.
너무 많은 정보들.

나는 잠시 불을 껐다.

초저녁에 불을 끄니 마치 시골에서처럼 주변이 조용해졌다.

너무 어둡지도 밝지도 않고 좋았다.

나는 눈을 감았다.

스트레스와 긴장, 너무 빨리 변하는 사회.

너무 큰 욕심과 조급함은 나를 쉽게 지치고 힘들게 하고 있었다.

마음도 쉬는 시간이 필요하다.

몸의 눈은 끄고 마음의 눈을 밝히자.

08

너무 늦었다고
생각하지 말자

우리는 살아가다 일이 조금 뜻대로 되지 않으면 자신의 탓이라고 후회를 하고 자책한다. 그러나 아주 늦은 때란 없다.

사람들은 대부분 죽음 직전에 이런 후회를 한다고 한다.

'내가 꼭 성공을 이루어야 했는데…'라는 거창한 것이 아니다.

그리고 가족이나 부모님께 더 잘해드리지 못한 것, 자녀와 함께 놀아주지 못한 것을 아쉬워한다고 한다.

너무 늦은 때란 없다. 지금부터 시작이다. 내가 이 땅에 왜 태어났는지가 중요하다. 이것을 알지 못하고 살아간다면 삶이 재미없을 것이다. 왜냐하면 살아도 사는 의미가 없기 때문이다.

무엇이든지 변한다. 변하지 않는 것은 없다. 물건도 오래 사용하다 보면 망가진다. 멈춰 있는 것은 없다. 멈춘다는 것은 살아 있는 것이라고 볼 수가 없다. 변하지 않는 참 나를 찾아야 한다.

사람들은 끊임없이 눈에 보이는 것과 몸에 신경을 많이 쏟고 살아간다. 그러나 눈에 보이지 않는 마음을 더 알아야 한다. 마음도 다이어트가 필요하다.

우리는 가끔 대청소를 한다. 기존에 있던 것들을 모두 꺼내놓고 나면 속이 다 시원하다. 특히 눈에 잘 띄지 않는 곳이나 습한 곳은 물때가 끼고 쉽게 악취가 난다. 우리의 마음도 청소를 해줘야 한다. 깨끗이 비워내고 닦아내면 속이 다 시원해지고 스트레스가 확 풀린다. 마음도 대청소가 필요하다.

이것은 『자기 사랑』의 주인공 레스터의 이야기이다. 그는 42세의 젊은 나이에 살아갈 날이 2주밖에 남지 않았다는 청천벽력과도 같은 소리를 듣게 된다. 현재에는 가능한 기적 같은 치료가 그때 당시에는 없었다. 그는 극심한 공포에 휩싸였고 머지않아 갑자기 죽을 수 있다는 말을 듣는다.

죽음에 대한 두려움에 떨며 며칠을 보내고 스스로 포기하다 며칠이 흘렀다.

'가만, 난 아직도 살아 있잖아?'

그는 자신이 아직 살아 있음을 알게 되었고 살아 있는 한 희망이 있다는 것을 깨달은 것이다. 그는 질문을 하기 시작했다.

'살아만 있다면 이 상황에서 벗어날 수 있을지 몰라. 난 뭘 하고 있는 거지? 나는 무엇인가? 이 세상은 무엇인가? 이 세상과 나는 어떤 관계인가? 내가 이 세상에서 원하는 것은 무엇인가?'

그리고 그는 자신이 행복하기를 원했다는 것을 알게 되었다. 그는 자신에게 이런 질문을 던졌다.

'그런데 행복은 무엇이지?'

"그는 행복에 가장 가까운 것은 사랑이라는 걸 알았다. 그것은 엄청난 것이었는데, 한 번도 행복을 가진 적이 없었기 때문이다. 언제나 사랑받기를 원했기 때문에 행복을 가질 수 없었다는 것을 알았다.

항상 외부에서 사랑해줄 사람을 찾았다. 그 사람들이 나를 사랑하면 행복할 거라고 생각했다. 그러나 그렇게 가진 행복은 순식간에 사라졌고, 내게 남은 것은 비참한 기분과 병뿐이었다."

그는 자신의 삶을 돌아보기 시작했다. 그는 사랑을 할 때 감정이 최고조가 됐었다는 걸 어렴풋이 깨달았다. 행복은 사랑하고 있는 것과 같다는 것을 알게 되었다. 사랑을 키울 수 있다면, 행복도 키울 수 있다는 것을 알게 되었다.

"그는 사랑을 키우는 방법이란 바로 '사랑하지 않는' 마음을 놓아주는 것임을 알았다. 그는 자신에게 모든 '비-사랑' 마음을 없앨 수 있다면 더 좋아질지 물어보았다.

과거의 일들을 되짚어 보기 시작했다. 사랑하지 않았던 누군가가 생각나면, 그 사람에 대한 마음을 사랑으로 바꾸었다."

너무 늦은 때란 없다. 우리가 어떤 마음으로 살아가느냐가 더 중요하다. 늘 끊임없이 자신을 돌아보고 부족한 것이 무엇이 있는지 배운다는 자세로 살아가다 보면 인생은 즐거운 것이다.

무엇이 그토록 두려운가? 나의 삶을 돌아보면 나의 마음속에 싫은 사람들과 무서웠던 사람들이 있다. 피하고 싶고 마주치고 싶지 않은 사람들이 있다. 이제는 그 사람들에 대한 '사랑하지 않는' 마음을 놓아 주자.

스스로를 존중하고 사랑한다면 어느 자리에 가더라도 불편하지 않을 것이다. 잘남 속에는 못남이 포함되어 있기 때문에 두려워하는 것이다.

4 장

주위 신경 덜 쓰고
나를 더 사랑하는 법

주위 신경 덜 쓰고
나를 더 사랑하라

우리가 살아가면서 가장 힘든 건 인간관계일 것이다. 어린 시절에는 부모님 때문에 힘들고 어른이 되어서는 인간관계 때문에 힘들다. 사람들 속에서 힘을 얻기도 하지만 성격이 서로 다르다 보니 부딪치고 거기에 많은 에너지를 빼앗긴다.

문제는 긍정적으로 받아들이기보다는 자꾸 밀어내고 저항하려 하기 때문에 스스로 지친다는 것이다. 내가 살아왔던 패턴을 바꾸지 않는 한 바뀌지 않는다. 그러려면 먼저 자기 자신을 제대로 볼 수 있어야 한다. 과거를 돌아보고 그 마음을 찾아서 떠나보내자.

목표가 있어야 한다. 자신만의 확고한 목표의식이 있을 때 강함은 나올 수 있다. 착한 것만으로는 그 어떤 일도 이룰 수 없다. 명확한 목표를 정해야 한다. 그것이 힘이 되어 주위의 어려움을 극복할 수 있다.

우리는 강한 사람을 좋아한다. 왜냐하면 자신이 하지 못한 일을 누군가가 대신 하면 만족을 느끼기 때문이다. 그것이 드라마를 보는 것과 유명인을 좋아하는 이유이다. 그러나 스스로 하지 않으면 아무 소용이 없고 직접 행동하지 않으면 성취감 또한 느낄 수 없다. 다른 사람의 장점을 배워야 한다.

동료의 눈치를 살피고 인정받으려고 애쓰지 말자. 그 사람도 완벽한 사람은 아니기 때문이다.

내 안에서 올라오는 부정적인 말들을 잘 이해해야 한다. 나를 인정하고 사랑하는 것은 주위 사람들도 함께 인정하는 것이기 때문이다. 자신의 실수나 어리숙함도 인정해야 한다.

상대의 허물만 보면서 걱정하지 말고 좋은 점을 볼 수 있는 마음을 기르자. 그러려면 나의 부족함을 인정해야 한다. 나 역시 허점투성이인 그 마음으로 세상을 보고 있다.

나를 먼저 인정하자. 알지 못하고 실수할 수 있다는 것을 인정하자. 그래야 상대가 뭐라고 해도 마음이 상하지 않는다.

이렇듯 우리는 나이가 들어도 내 안에 가라앉은 앙금으로 인해 불안에 떨기도 한다. 일이 잘 안될 것 같아 불안한 마음은 자신만의 착각인 것이다. 그러니 너무 실수하지 않으려고 마음을 졸이지 말자.

마음이 불안하면 자신에게 이야기를 하자. 잘하고 있다며 용기를 주고, 끝나고는 잘한 부분에 대해 칭찬을 하자.

요즘은 너무도 많은 사람들이 외로움에 떨고 있다. 도심에서 숲이 사라지고 높은 건물들이 올라가는 것만큼 우리들의 감정과 사랑이 메말라가고 있다. 외로움에 몸부림치는 만큼 제삼자 입장에서 생각해보자. 타인이 나를 좋아할 수 있는지를.

자신의 신세를 한탄하며 사는 사람이 있다. 우리는 어떤 사람을 좋아하는가? 집착이 없고 마음이 복잡하지 않은 사람을 좋아한다. 왜냐하면 그런 사람들은 마음이 편하기 때문이다. 사람도 충분한 숙성이 필요하다.

현실에서 행복을 찾고 감사함을 느끼며 마음의 정원을 가꾸어보자. 아름답고 평온한 정원엔 꽃과 나비가 날아든다.

우리는 새해가 되면 '새해 복 많이 받으세요.' 하고 인사를 한다. 좋은 말은 듣기에도 좋다. 웃으면 복이 온다고 했다. 긍정적인 마음과 밝은 얼굴로 살다보면 좋은 일이 온다. 밝게 웃으며 살자. 그러기 위해서 내면의 나를 사랑하자. 남들이 먼저 나를 좋아할 수 있는 토양을 만들자.

마음속에서는 끊임없이 조잘거리는 소리, 비난하는 소리가 들린다. 그럴 때 자신에게 이야기하라. '너는 지금 조금씩 나아지고 있구나. 그 정도면 너도 대단해. 잘하고 있어.'라고 끊임없이 힘을 주고 이야기해라. 그것이 나를 더 충실하고 제대로 알고 사랑하는 일이다.

당신은 점점 더 번영하고 발전하고 있다. 세상이라는 무대는 당신을 위해 준비되어 있다. 자기 자신의 거짓 자아에 속지 말자. 모든 곳은 평화롭다. 경쟁하지 말고, 오로지 당신만을 사랑하자.

있는 그대로의 나를
인정하라

언제부터인가 꿈을 잃어버렸다. 실수할까 봐 두려운 것이다. 그래서 시도조차 하지 못한 것이다. 뒤돌아서 생각해보니 사람은 누구나 불안해하고 두려워한다. 유난히 자신만이 더 불안을 느낀다고 착각할 뿐이다.

누구나 경험을 쌓아가며 살아간다. 그러나 그 경험들을 어떻게 남기느냐는 오롯이 자신의 몫이다. 실패를 통해서 성공을 생각하는 사람이 있고 자신의 잘못이라고 탓하는 사람이 있다. 후자 쪽은 어떤 행동을 하면서 점점 소극적이 될 것이다. 그것은 완벽주의적인 나의 성격 때문이다.

엄청 대단한 것은 아니었지만, 과거를 돌아보면 아이들 키우면서 나름대로 열심히 살아왔다. 이제는 이런 나에게도 고맙다고 칭찬을 해주자. 맨날 더 잘하지 못한다고 남과 비교하지 말고, 조금 실수하더라도 웃고 넘길 수 있는 마음의 여유를 가져보자.

기대치가 높다 보니 시도조차 하지 못하고, 돈을 벌면 나중에 하겠다고 미루어놓은 일들이 있다. 행복은 담는 것이 아니다. 행동했을 때 경험하는 그 자체인 것이다. 그러니 처음 시도하는 것을 두려워하지 말자. 집안에 머물러 있지 말고 작고 사소한 것이라도 시작하자. 뭐든 시작이 어렵지, 그 다음부터는 힘들지 않다.

엄청난 것을 배우더라도 한 번으로 끝난다면 더 나은 발전은 기대하기 어렵다. 한 가지 일이라도 꾸준히 하는 것이 필요하다. 이제는 작고 사소한 일이라도 하루에 시간을 정해놓고 꾸준히 해보자. 그 일에 익숙해졌을 때 자신감이 나오고 자기 스스로에게도 고맙다고 느낀다.

어떤 큰일을 이루지 못했어도 결과가 좋지 않아도 무조건 나를 인정해주고 응원해주자. 나 자신을 계속해서 질책한다면 이 험난한 세상에 자신이 있을 수 있는 공간은 더욱더 없을 것이다.

내가 어떤 마음으로 하고 있는지를 먼저 보자. 나는 나를 사랑하고 있는지, 무엇이 그토록 못마땅한지, 궁색하고 궁핍한 마음부터 먼저 점검을 하자. 모든 것을 내려놓고 나를 제대로 보자.

미소를 띠고 긍정적인 마음으로 살자. 내가 즐거우면 옆 사람도 즐겁다. 함께 도우면서 살자. 돕는 상대도 나라고 생각하자. 이 몸만 내가 아니라 눈에 보이는 모든 것이 또 다른 나다.

살면서 너무도 많은 편견과 싫고 좋음의 잣대로 세상을 바라보고 있다. 그래서 항상 안정적인 곳, 보금자리를 찾아 헤매고 다닌다.

저항하기보다는 사랑하라. 먼저 자신에게 좀 더 여유를 주고 칭찬해 주고 긍정적인 언어로 용기를 주라. 당신은 할 수 있다. 무엇을 처음부터 얻으려고 하지 말자. 당신의 사랑을 베풀어라. 얼어 있던 모든 마음은 금세 풀릴 것이다.

물고기들도 약간 빠른 유속을 좋아한다. 사람도 약간은 긴장감 있는 삶이 건강하다. 살아있음을 느끼기 때문이다.

착각 속에 빠져 살지 말자. 나의 생각에 빠지지 말자. 뭐든 지나치면 병이 된다. 걱정도 팔자라는 말이 있다. 너무 복잡하게 살지 말고 좀 단순하게 살자. 단순 명료하게 살자. 자꾸 없는 것만 생각하지 말고 나에게 넘치는 사랑을 생각하자.

화가는 여백이 있으면 그림을 그릴 것이다. 나에게 주어진 하얀 백지에 나는 글을 쓰고 있다. 초등학생 때는 볼펜대에 몽당연필을 끼워 연필에 침을 발라가며 쓰기도 했다. 지금 행복하지 않은 이유도 물건들이 너무 많이 있기 때문에 물건의 소중함을 잘 못 느끼기 때문인지도 모른다.

너무 힘들다고만 하지 말고 우리가 가지고 있는 것에서 감사함을 찾자. 행복을 외부에서 누군가 가져다주기를 바라지 말고 내 안에서 찾자.

안 되는 방향으로만 생각하지 말고 되는 방향으로 생각하자. '다음 생에 해야지.' 라고 생각하지 말고 이번 생에 하는 것이다. 하고자하고 이루고 싶은 것은 모두 한다는 마음으로 살자.

나라고 하는 존재는 메뚜기처럼 아주 작은 존재일 수도 있고, 우주처럼 크고 위대한 존재가 될 수도 있다. 나는 어떤 나를 선택할 것인가? 좀 더 넓고 객관적인 눈으로 바라보자. 작은 나에 연연하고 집착하지 말고 힘을 빼고 전체를 생각하자.

03

자신만의 달란트를
찾아라

사람은 누구나 태어나면서 지닌 자신만의 달란트가 있다. 마음씨가

예쁜지, 목소리가 아름다운지, 말솜씨가 뛰어난지, 손재주가 뛰어난지,

달란트는 사람마다 다 다르다.

자신의 달란트를 보지 못하고 남의 달란트만을 보고 있지 않은지 생

각해보자. 달란트는 외부에 있지 않고 마음에 있다. 어떻게 하면 자신

만의 달란트를 찾을 수 있는가? 어떤 일을 꾸준히 했을 때 보람이 느

껴지고 행복하면 된다.

살아가면서 자신의 달란트를 찾지 못하고 방황할 때 제일 힘들고 부정적인 감정을 느낀다. 그중에서도 외로움과 소외감일 것이다. 혼자 생각을 너무 많이 하면 소외감이 느껴지면서 자존감도 떨어진다.

사람은 시간이 많으면 서운하고 섭섭했던 감정들이 마구 올라온다. 모일 기회가 있어 생각을 이야기하면 온통 불만을 토로하는 모양새가 되어버린다.

생각을 정리하여 조곤조곤 얘기해야 하는데, 주장만을 내세우다 보면 불평불만이 많은 사람으로 비춰진다. 결국 '외롭다'는 이야기를 하려고 그런 것이다. '나도 함께 하고 싶어. 내 이야기도 좀 들어줘.'라고 얘기하고 싶은 것이다.

우리나라 문화는 토론에 익숙하지 않다. 학교에서는 온통 주입식 교육에 사지선다형 문제를 내고, 학생들은 수업 시간이 되면 대부분 귀를 닫아버린다. 물론 공부가 적성에 맞는 사람도 있다. 그러나 지금 청소년들의 교육 형태를 보면 대한민국 학부모로서 걱정을 하지 않을 수 없다.

사람은 누구나 자기 자신만의 능력이 있고 자질이 있지만 이 또한 갈고닦지 않으면 볼 수가 없다. 자신만의 원석을 찾아 연마해야 빛난다. 하루아침에 이루어지는 것이 아니기 때문에 좋은 습관을 꾸준히 쌓아야 한다.

밀레는 북프랑스의 가난한 마을인 그루지에서 농민의 아들로 태어났다. 그는 농사를 짓고 살면서 틈틈이 시간이 나면 그림을 그렸다. 해 저물 무렵이면 밀레는 어김없이 바람 부는 언덕으로 올라가 하얀 도화지를 펼치고 붓을 들었다. 그렇게 그림 그리기에 전념하다 보면 어느새 세상은 붉게 물들어 있었다.

그의 눈에는 언덕 밑으로 드넓게 펼쳐진 농토에서 벼 짚단이 가득한 수레를 끄는 소와 그 소를 모는 농부의 여유로운 모습, 그리고 머리에

수건을 두르고 호미질을 하는 아낙네들의 모습이 보였다. 저 멀리서 바가지를 들고 떨어진 이삭을 줍는 할머니와 철부지 아이들의 모습도 보였다.

밀레의 가족은 땔감을 살 돈이 없어 밀레의 작품을 땔감으로 대신 사용할 정도로 무척 가난했다. 밀레는 매우 가난했지만, 전원에 펼쳐진 농민들의 이야기를 그림으로 담아내는 것을 가장 큰 삶의 행복으로 여기며 살았다.

그러던 어느 날 친구가 돈이 많은 부자를 데리고 밀레의 집으로 왔다. 그 부자는 밀레의 그림을 보고 매우 감탄을 했다. 하지만 그 부자는 농부를 주제로 한 그림을 못마땅하게 여겼다. 그래서 그에게 다른 주제의 그림을 그릴 것을 제안했다.

하지만 밀레는 아무 망설임 없이 이렇게 말했다.

"예술에는 미움이나 원망을 담을 수 없다. 진정한 예술은 오직 사랑하는 마음에서만 우러나온다. 내가 전원의 그림을 고집하는 이유는 오직 그들을 통해서만 진실을 볼 수 있기 때문이다."

누구나 자신이 원하고 잘 할 수 있는 일이 있다. 마음의 소리에 귀를 기울이고 자신이 좋아하는 일을 할 때 행복하다는 것을 느낄 수 있다.

달란트는 나에게 주어진 능력이다. 새는 날 수 있는 달란트가 있고 치타는 빠르게 달릴 수 있는 능력이 있다. 온갖 종류의 미물들은 눈에 보이지 않는 자장과 특유의 습성대로 살아간다. 오히려 사람보다 더 뛰어날 때가 있다.

내가 이 세상에 태어날 때 가지고 온 나만의 특성을 찾아 빛이 날 정도로 갈고 연마해보자. 남의 것을 보고 부러워하는 데 시간과 에너지를 빼앗기지 말고 자신만의 달란트를 찾자.

나는 창의력이 뛰어나며 섬세하다. 이런 사람은 오른쪽 뇌가 발달한 사람이라고 한다. 과거에는 IQ가 높은 사람을 높이 샀지만 지금은 EQ

를 중요시한다.

EQ가 높으면 감성적이고 창의적이며 상대를 이해하는 공감능력이 뛰어난 것이다. 토론하는 것을 좋아하고 희망을 이야기하는 것을 좋아한다. 에디슨이나 아인슈타인 같은 사람을 생각해보자.

분명 당신에게도 단점이 있으면 장점이 있다. 자신만의 달란트가 무엇인지 질문해보라. 나만의 능력, 이 세상에 태어나 내가 행하면서 살아가야 하는 역할이고 능력인 것이다. 나는 그것을 한 분야의 전문가들에게서 찾고 싶다. 그들은 그 일에 보람과 행복을 느끼고 의미를 찾았기 때문에 꾸준히 할 수 있는 것이다.

오늘 하루가 주어진 것에
감사하라

아침에 일어나면 기운이 맑다. 하루하루 주어지는 시간들을 어떻게 보느냐에 따라 감사하게 느껴진다. 청소도 아침에 하는 것이 효과적이다. 아이들에게 잔소리를 할 때도 이왕이면 부드러운 말로 칭찬을 더 해주어야겠다. 잔소리를 듣는 아이들도 불안함을 느낄 것이다.

과거에는 두려움이 많아 행동하지 못했는데, 요즘은 행동을 과감하게 한다. 그래서 어떨 때는 부끄럽기도 하지만 배우는 것이 훨씬 더 많다. '진작 그렇게 할 걸.' 하다가도 이제라도 아는 것이 어디인가 생각한다.

과거에 나는 내가 엄청 잘나고 똑똑한 사람인 줄 알았다. 그래서 힘든 일은 하려고 하지 않았다. 그만큼 내가 너무 소중하고 아까워서 아무 일이나 할 수가 없었다. 이상적인 일을 하고 싶은데 현실은 너무 재미가 없었다. 그렇지만 먹고살아야 하니 힘이 들었다.

과거에 내가 알았다고 생각한 것은 진짜 아는 것이 아니었다. 나는 아무것도 모른다고 생각하고 사는 것이 더 나을 것 같다. 왜냐하면 세상을 내가 알고 있는 것만큼밖에 보지 못하기 때문이다.

잘 사는 사람은 잘 사는 방법을 따르고 못 사는 사람은 못 사는 방법을 따르는데, 이는 자신의 생각대로 살고 있기 때문이다.

무슨 일이든지 남을 원망하면 다른 사람을 탓하고 원망하는 마음이 생긴다. 또 자신을 고칠 점을 찾지 못한다. 그런데 나의 문제라고 생각하면 고칠 점이 보여서 티눈을 빼내듯 시원하다. 그래서 함께 살아가는 것인가 보다.

시간은 축복이고 선물이다. 오늘 하루가 주어진 것이 감사하다. 오늘 하루는 무엇을 할까? 어떤 일을 해야 효과적으로 보람 있는 하루를 보낼 수 있을까 생각한다. 당신에게 100일이라는 시간이 주어진다면 당신은 어떤 일을 하고 싶은가?

수많은 역사 속에 끊임없는 전쟁과 역병이 도래했고 많은 사람들이 죽어갔다. 죽음을 두려워하지 않는 사람이 있을까? 역사 속의 그들도 우리와 똑같이 살았다. 원망과 한을 안고 갔다. 그들이 우리 조상이고 부모이고 형제이며 나의 모습일 것이다. 왕족으로, 귀족으로, 천민으로, 여자로, 또 남자로, 부자로, 가난하게 살았을 것이다.

한번 흘러간 물은 되돌릴 수 없고, 오직 현재만 있을 뿐이다. 오늘을 보람 있고 알차게 보낸다면 분명 밝은 미래가 당신을 맞이할 것이다. 오늘에 최선을 다하자.

지금 하고 있는 일에 집중하자. 집중력의 강도에 따라 결과가 달라진다. 같은 일을 하더라도 집중력을 가지고 꼼꼼하게 진행하는 것과 대충 시간을 때우는 것은 다르다. 모두에게 주어진 시간을 어떻게 활용하는가는 바로 당신에게 달려 있다.

우리는 가장 비싼 물건을 아무런 대가도 없이 오늘도 많이 사용하고 있다. 그리고 아무렇지도 않게 쓰고 있다. 하늘의 햇빛과 공기, 물이 그것이다. 물값은 아주 작은 것이다. 공기가 없다면 잠시도 살 수가 없다. 자연에 가장 먼저 감사하자.

가난을 부끄러워하지 말라. 공자께서 말씀하셨다.

"닳아서 해진 솜옷을 입고도, 여우와 담비의 모피로 만든 외투를 입은 사람과 함께 서 있어도 아무렇지 않을 수 있는 사람은 아마도 자로(子路)일 것이다. 『시경』에서 말한 대로, 남을 해치지 않고 남의 것을 탐내지 않으니 어찌 훌륭하지 않은가!"

과거의 말인 것 같지만 과거와 현재는 서로 공존하고 있다.

올 겨울은 유난히 춥다. 저녁에 베란다의 문을 열었더니 차가움이 살을 파고든다. 산에서 사는 짐승들은 몹시 춥겠다는 생각이 든다. 사람은 추우면 난방을 하고 두꺼운 옷을 겹쳐 입지만 동물들은 춥고 배고프면 어떻게 지낼지 궁금하다. 사람으로 태어난 것이 정말 감사한 일이다.

아침이면 어김없이 새로운 태양이 떠오른다. 분명 어제와 다른 태양이다. 태양이 없으면 우리는 살아갈 수 없다. 저 푸른 나무를 보라. 나무가 있어 새들이 살 수 있다. 추운 겨울 눈보라 속에서도 나무들은 잘도 이겨낸다.

찬란하게 빛나는 태양과 저 푸른 하늘을 볼 수 있다는 것이 얼마나 감사한 일인가? 두 발로 걸어 다니고 혼자 움직일 수 있다는 것도 참 감사한 일이다.

우리는 늘 끊임없이 나보다 나은 사람들을 보느라고 현재 나에게 주어진 행복과 시간을 잃지는 않고 있는지 생각하자. 미래는 아직 오지 않았다.

이룰 수 있는
작은 목표부터 시작하라

"산을 움직이려 하는 이는 작은 돌을 들어내는 일로 시작한다."

– 공자

아이들이 태어나면 처음에는 모유를 먹고 걸음마를 배우고 수없이 넘어지면서 걷는 것을 배운다. 아마 넘어지는 것을 두려워했다면 걷기를 포기했을지도 모르겠다. 처음부터 너무 큰 욕심을 내려놓고 큰 목표를 작게 잘게 쪼개어서 이루자.

나는 독수리 타법의 컴맹이다. 20대 때 앞으로 컴퓨터가 많이 쓰일 거라며 컴퓨터 공부가 유행했다. 물론 그때 중요성을 인식은 했다. 큰맘 먹고 컴퓨터 학원 정보처리 기술을 수강했다.

그런데 처음부터 너무 어려운 것을 선택했나보다. 수학적인 것은 딱 질색인데 너무 복잡했다. 그래서 한 달 다니고 그만두었다. 그리고 생각했다.

'컴퓨터와 같은 기계는 나와 맞지 않아.'

그리고 쉬운 것, 내가 좋아하는 것들만 찾아다녔다. 그러나 지금에 와서는 정말 컴퓨터를 활용하지 않는 것이 없다.

오늘 카페를 만들기 위해 인터넷 강의를 듣기로 했다. 물론 잘 모르기 때문에 그냥 듣고 나중에 해보리라 생각했다. 또 언젠가는 배워야할 일이기 때문에 부딪쳐보기로 했다.

10시에 시작인데, 남편은 운동하러 간다면서 나갔다. 남편에게 오늘 카페 만드는 교육을 하니 같이 도와달라고 했지만, 본인은 잘 못하고 오히려 아들이 더 잘한다면서 그냥 나갔다. 아들은 고1이다.

교육이 시작되고, 강사님이 핸드폰과 노트북을 함께 준비하라고 했다. 나는 노트북 대신 태블릿을 준비했는데 평소 잘 쓰지 않아서 모든 것이 낯설었다.

강의가 시작되었는데, 화면도 작고 마음대로 되지 않자 아들을 불렀다. 벌써 게임을 시작해서 잘 도와주지 않는다. 이럴 때 남편이라도 옆에 있으면 도와달라고 부탁할텐데, 화가 났다.

아이들은 게임을 하면서 화내는 나를 이상한 눈으로 쳐다본다. 매일 도와달라는 것도 아니고 오늘 하루 좀 도와달라고 하는데 그것이 그렇게 힘들단 말인가? 섭섭한 생각이 들었다.

남들과 같이 따라가야 하는 교육인데, 뭘 잘못 누르면 영 이상한 곳으로 갔다. 나중에는 아예 포기하고 듣기만 했다. 운동 갔던 남편이 돌아왔는데 얼굴을 보니 화가 났다. 남편에게 좀 도와주지 그랬냐고 했더니 아들을 큰 소리로 불러 세운다. 그것이 또 화가 난다.

과거 제대로 컴퓨터를 공부하지 않은 것이 정말 이렇게 난감할지는 처음 알았다. 다른 사람에게 부탁해서 카페를 운영해야 하나 생각을 했다. 그러나 나의 카페를 운영하려면 스스로 제대로 알고 있어야 하는데, 우리는 앞에 어떤 일이 펼쳐질지 아무도 예상을 못한다.

정신을 똑바로 차려야겠다는 생각이 들었다. 당황해서 속상했지만 한편으로 큰 교훈을 얻었다. 한 번의 경험이지만 많은 성과를 이루어서 좋았다. 힘들이지 않고 배우는 것은 없다는 생각이 든다.

포기하지 말자. 시작이 반이라고 일단 시작을 했다는 것이 큰 성과다. 나 자신이 얼마큼 원시인 같은지 알 수 있었다. 앞으로 몇 달이 걸릴지라도 포기하지 않으면 실력이 늘 것이다.

요즘 새로운 세계를 경험하고 있다. 살아가면서 자신에게 어떤 경험을 시켜주느냐가 중요하다. 세상에 쉬운 일이 어디에 있겠는가. 조금씩 연습을 해야 한다. 나는 어떤 일이든 꼭 필요할 때만 하는 편인데, 너무 쉽게 살아왔으니 지금부터라도 포기하지 말자.

어린 시절 욕심이 참 많았다. 그리고 일을 하면 조금씩 하는 것이 아닌 한꺼번에 하고 그만큼 여유 있는 것을 좋아했다. 자유롭게 하는 것을 좋아했다. 그러다 사회생활을 하면서는 내 마음대로 되지 않는 현실에 맞추는 것이 쉽지 않았다.

그래서 한꺼번에 돈을 많이 벌 수 있는 방법을 생각하다가 발명 특허, 기발한 아이디어 쪽에 관심을 갖게 되었다. 책을 사서 읽어보기도 했다. 그러나 현실적으로 기계나 장비도 없이 오로지 생각만으로 발명할 수 있는 것은 아이들 장난감 수준이었다.

현실에 나를 맞추려고 하니 시간이 많이 걸리는 것 같아 한번에 껑충 뛰어오를 생각을 했다. 그러나 그런 일은 결과도 나오지 않고 시간만 낭비한다. 더디더라도 차근차근 밟아가야 한다.

　큰 꿈을 가지고 있다면 그 꿈을 작게 나누어 목표치에 도달할 수 있

는 방법으로 노력을 하자.

06

가장 예쁜 옷을
꺼내서 입어라

여성들은 결혼을 하고 아이를 양육하면서 온 신경이 아기에게 쏠린다. 그리고 자신을 가꾸는 데는 좀처럼 시간을 내지 못한다. 기분이 우울할 때는 오히려 더 예쁜 옷을 입고 화장도 예쁘게 하자.

속담에 옷값과 책값은 깎지 말고 더 주라는 말이 있다. 좋은 책에서 나오는 기(氣)는 운명을 바꾸고, 옷값을 더 주면 만들 때 그만큼 정성이 더 들어가기 때문이다. 옷을 만들 때 정성스럽게 지으면 옷에서 좋은 에너지가 나오는 것을 느끼게 된다. 옷을 만드는 일을 하는 사람은 정성스럽게 옷을 만들고 음식을 만드는 사람도 기분 좋은 마음으로 밥을 지으면 좋은 에너지가 나올 것이다.

옷에는 신체 보호의 기능만 있는 것이 아니다. 어떤 옷을 입느냐에 따라 기분이 달라진다. 우울할수록 장롱에 있는 예쁜 옷을 꺼내서 입고 화장도 예쁘게 하자. 스스로 행복을 느끼면 그 에너지로 다른 사람에게도 행복을 나누어줄 수 있다.

옷이 날개라는 말이 있다. 사람은 어떤 옷을 입느냐에 따라 기분이 좋아 날아갈 것 같은 기분이 들기도 한다. 그리고 자신에게 어울리는 색깔이 있다. 입어서 기분 좋은 색깔을 잘 골라서 입고 옷을 사는 돈은 아까워하지 말자.

우리 어머니들은 자식들에게 설빔을 해 입히곤 했다. 건강과 장수를 빌며 한 땀 한 땀 지었다. 그 정성이 어떠하였겠는가. 낮에 일하고 밤에 호롱불 아래에서 잠을 아껴가며 자식을 위하여 마음을 풀어놓으며 길

쌈을 했다.

사람은 옷을 차려입고 나면 없던 자신감이 올라오기도 한다. 시장 갈 때도 예쁜 옷과 멋진 신발을 신고 다니자. 부자는 신발을 보면 알 수 있다고 했듯이 신발도 편하고 좋은 신발을 골라서 신자. 지출이 된 것 같지만 자신감이 생기면 매출이 오르고 일이 훨씬 잘 풀려 신발과 옷 값을 하고도 남을 것이다.

옷도 2년 이상 입지 않으면 배출하고, 당장 못 버리겠으면 박스에 담 아 보이지 않는 곳에 보관하라고 한다. 그러는 동안 전혀 생각이 나지 않으면 열어보지 말고 그대로 배출하라고 한다.

우리는 옷장 정리를 이사할 때 하고 그 뒤로는 하지 않는 경향이 있 는데 새로 사는 만큼 배출을 해주어야 한다. 버리고 나면 공간도 시원 하고 기분도 상쾌해진다. 그와 더불어 정리 정돈을 하고 쓸고 닦으면 집안에 좋은 에너지가 쌓인다.

좋은 옷도 너무 아끼지 말고 자주 꺼내서 입고 정리를 하면 좋다. 기분이 우울할 때는 새로운 옷으로 기분을 전환해보자.

기존에 내가 입지 않던 옷도 시도를 해보자. 따지고 보면 싼 게 또 옷이다. 옷이 바뀌면 마음도 바뀐다. 새롭게 나를 변화시켜보자. 전혀 새로운 나로 살아가자. 세상도 변하는데 나도 같이 변해보자. 변화를 시도하자. 머리 모양도 바꾸고 멋진 신발도 사자.

나를 즐겁고 행복하게 해주자. 내가 입어서 기분이 좋으면 된다. 기분을 전환시킬 수 있는 좋은 방법이다. 마음에 든다면 가격을 먼저 보지 말자. 비싼 옷도 입지 않으면 처분하고 새롭게 시작하자.

나를 소중하게 여기자. 나부터 존중하자. 내가 기분 좋고 즐거우면 힘든 일도 기쁘고 즐겁게 할 수 있을 것이다. 나이 먹을수록 건강을 위해서라도 가볍게 살아가자. 지금부터 행복을 선택하고 풍요롭게 사는 방향으로 생각을 전환하자.

많이 웃자. 우리는 일이 조금 안 풀리고 힘이 들면 금세 의기소침해지고 풀이 죽는다. 그럴 때일수록 많이 웃자. 성공한 사람들을 보면 여유 있고 항상 웃는다. 옛말에 '웃는 얼굴에 침 못 뱉는다'고 하지 않던가?

아침에 일어나면 먼저 활짝 웃자. 그러면 기분도 함께 좋아진다. 우리의 뇌는 현실과 상상을 잘 구분하지 못한다. 항상 얼굴에 미소를 띠고 살자.

항상 웃으면서 살자. 혼자 있을 때는 큰 소리로 웃고 우울하면 코미디 영화도 보자. 또 신나는 음악을 듣자. 웃으면 복이 온다. 웃는 얼굴은 누구나 다 예쁘다. 당신도 그렇다.

07

삶의 우선순위를
정하라

삶의 우선순위는 나이에 따라서 달라진다. 나이에 맞게 정해야 한다.

몸이 좀 안 좋아서 한의원에 다녀왔다. 남편이 일단 자신이 다니는 한의원에 가서 상태를 얘기해보라고 했다. 침을 맞고 물리치료를 받는데 좀 아팠다. 눈물도 찔끔 나왔다.

그때 '나는 나를 사랑한다.' 그렇게 속으로 되뇌었다. '그래도 치료를 하려면 아파야 나아지겠지.' 하고 참았다. 나의 몸을 이렇게 아프도록 방치했으니 그 또한 내 잘못이라 생각한다. 마치 내 몸에 사랑을 전해 주는 것처럼 속으로 '나는 나를 사랑한다.'라고 말하니 덜 아픈 것 같고 침을 맞아도 덜 아픈 것을 느낄 수 있다.

사람들은 한 달에 수만 원에서 수십만 원에 달하는 돈을 노후를 위해 보험을 들고 투자를 한다. 그런데 정작 자신의 삶의 가치에 대해서는 그냥 살아오던 습관대로 살아가는 경우가 많다. 몸에다 돈 쓰는 것을 아까워 하지 않는데 자신의 주인인 마음, 의식에 투자하는 것은 게을리하는 경우가 많아 안타깝다.

한 살이라도 더 젊을 때 진정한 삶의 의미를 찾아야 한다. 마음이 내 삶의 주인이기 때문이다. 생각해서 우선순위를 정하지 않고 살면 사는 대로 생각하게 된다.

우리의 마음도 집처럼 정리 정돈을 하고 깨끗이 치워주지 않으면 어느새 지저분해진다. 부지런히 갈고닦은 인생으로 웃으면서 돌아갈 수 있도록 준비하자.

많은 사람들에게 생명에 대한 소중함을 이야기해주고 싶었다. 그러나 내가 힘이 있지 않고 당당하지 않고는 남을 도와줄 수 없다는 것을 알게 되었다. 인생을 살면서 중요한 것은 몸이 아닌 마음이다. 그래서 의식부터 변화되어야 한다.

우리는 모두 행복한 인생을 살기 위해 태어났다. 그래서 삶은 어려움 속에서도 보람이 있고 깨달음이 있는 것이다. 결코 포기하지 않는 것이며 살아있을 때 이루는 것이다.

형이상학자 네빌 고다드는 『상상의 힘』에서 이렇게 말했다.

"우리는 우리가 현재 인식한 우리의 모습을 끌어당긴다. 인생을 사는 방법은 원하는 대상을 쫓아가는 것이 아니라 소망이 이루어졌다는 느낌을 간직한 채 그것이 우리에게 오도록 하는 것이다."

발을 동동거리며 마음만 바삐 움직이는 것이 아니라 먼저 마음으로부터 받아들이고 행동하는 것이다.

나는 사람들의 마음을 잘 이해한다. 누구나 자신만의 끼가 있고 특기가 있다. 우울하고 뒤처지는 사람 없이 깨끗하고 행복한 세상이 되도록 노력할 것이다.

1. 건강을 챙기기

2. 항상 겸손하게 자신을 돌아보기

3. 시간을 소중하게 쓰기

4. 혼자하기보다는 조력자를 만들기

5. 청소년들의 인성교육에 힘쓰기

6. 사람들을 행복하게 하는 일에 힘쓰기

7. 지구 환경에 힘쓰기

8. 일정 금액 기부하기

9. 원주 시민들을 위한 마음 힐링 센터 만들기

10. 항상 배우기

성공한 기업들의 경영인들을 보면 사람을 소중하게 대하는 것을 알수 있다. 자신이 높은 자리에 있음에도, 아랫사람을 동등하게 대한다. 남을 먼저 아끼고 배려해야 자신도 똑같이 대우받을 수 있다는 것을 알기 때문이다.

세상에는 귀하고 값진 것이 참 많다. 그러나 가장 귀하고 값진 것은 사람이다. 인연을 소중하고 아름답게 가꾸어 나갈 때, 자신의 삶 또한 풍요롭고 아름다워진다.

사람이 재산이고 운명이라 생각한다. 실패와 좌절 없이 처음부터 성공한 사람도 기업도 없다고 생각한다. 이것을 생각하면서 조금씩 나아간다면 반드시 좋은 결과가 따라올 것이다.

이때까지 나를 따라다녔던 소심함과 걱정은 멀리 던져버리고 앞으로 나아가자. 용기는 생각이 아닌 실행으로 옮길 때 생겨난다. 지구는 행동의 별이기 때문에 행동하는 자만이 성공을 이루고 경험이라는 값진 선물을 받을 수 있다.

08

당신이 하고 싶은 것은
무엇인가

겨울 정오의 따뜻한 햇볕이 창문을 통해 쏟아져 들어온다. 추운 겨울에는 햇볕이 더 소중하게 느껴진다. 당신이 하고 싶은 것은 무엇인가? 생각만 해도 마음이 활짝 열리며 엔도르핀이 도는 느낌이다.

우리는 살아오면서 자신이 좋아하고 하고 싶은 일을 하는 것을 저 뒤에 밀어놓곤 한다. 그만큼 시간과 마음의 여유가 없어서이다. 그러나 가장 먼저 해야 할 일이 또 이것 아닐까 한다.

보람을 느끼는 것이 참 중요하다. 아무리 작은 일이라도 보람이 있으면 하루의 피로가 다 풀리듯 행복하다. 결국은 남을 행복하게 해줄 때 우리는 함께 보람을 느낀다.

마음이 힘들 때는 눈을 감고 그냥 가만히 있자. 좋아하는 음악을 듣는 것도 좋은 방법이다. 동서고금을 불문하고 위대한 성인이나 철학자들은 음악을 가까이했음을 보여준다. 음악은 긴장감을 늦추고 여유와 행복을 가져다준다.

우리나라 사람들은 너무 주위를 의식하고 긴장을 하고 살기 때문에 병이 더 많은 것 같다. 긴장을 풀고 얼굴에 미소를 머금고 살아가자. 내가 웃으면 거울 속에 있는 나도 미소로 답을 할 것이다.

때로는 과거의 시간들이 허무하게 느껴질 때가 있다. 그런데 어느 날 남편이 전에 사용하던 전화기에서 사진을 보여주었다. 나는 아이들에게 엄마로서 풍족하게 해주지 못해 미안했다. 그런데 사진속의 우리 아이들은 정말 밝게 웃고 있는 것이 아닌가? 나 또한 수심을 찾아볼 수 없는 젊은 모습이었다.

순간 나는 '인생을 헛되이 살지는 않았구나.' 하고 생각했다. 내가 지금 기억하고 있는 것이 전부는 아니다. 잘 살아왔고 열심히 살아왔다. 나에게도 고맙다. 수고했고 애썼다. 칭찬해주자.

요양원에 계신 분들이나 나이 드신 분들을 보면 그냥 빨리 죽어야지 하고 허송세월 보내는 분들을 볼 수 있다. 그러나 삶의 주체는 본인 자신이다. 나이 들었다고 시간만 보내면 너무 안타깝다.

우리는 죽을 때까지 배우고 공부하는 것이라고 생각한다. '이제 나이 들었는데 뭐 해?'가 아니라. 죽는 순간까지 배워야 한다. 마음은 죽지 않는다고 생각한다. 태어난 이유를 알아야 한다.

앞으로는 수명이 점점 길어질 텐데 그 많은 시간동안 무엇을 할 것인가? 나이 들어서도 할 수 있는 일을 생각하자. 나이든다고 꼭 몸이 아프고 치매가 있는 것만도 아니다. 행복한 노후를 보낼 수 있도록 지금부터 연습을 하자.

　사람은 살아가면서 어떻게 먹고 살지 앞날을 걱정하느라 정작 지금의 행복을 잊고 살아간다. 나를 사랑하고 행복하게 사는 방법을 찾자. 그건 몸을 부지런히 움직이는 것이다.

　때로는 당신이 진정으로 원하는 일이 아닐지라도 그 일을 하자. 그것이 진정으로 당신을 사랑하는 일이다. 직장을 다니고 있다면 자투리 시간에 그 일을 하자. 지금 하고 있는 일과 다 연결되어 있을 것이다.

　오늘을 소중히 감사하고 행복하게 보낸다면 내일도 기대하게 된다. 나를 알아가는 것, 지켜보는 것, 삶을 주체적으로 사는 것이 중요하다.

　우리는 아프리카 하면 더위, 가난, 흑인들을 생각한다. 나는 아프리카에 다녀온 적이 있다. 지금은 많이 잊어버렸지만 '아프리카'라는 글씨를 보자 아프리카에 대한 기억이 떠올랐다.

아프리카 하면 왠지 끌리는 무언가가 있다. 현재 세계적으로 여행이 제한되어 모두 움직이는 것이 쉽지 않은 상황이다. 그때 가지 않았으면 언제 갈 수 있었을지 모르겠다.

몇 년 전 케냐에 갈 기회가 생겼다. 여러 가지 여건 때문에 망설였지만 지금이 아니면 언제 또 이런 기회가 주어질지 몰라 지인들 몇 명과 가게 되었다. 처음 내린 공항은 테러로 인해 임시공항이 설치되어 있었다.

숙소가 있는 곳으로 이동하는 동안 본 바깥 풍경은 너무나 넓고 여유로워 보였으며 얕은 철책선 너머로 멀리서 작은 동물들도 보였다. 땅은 그야말로 비옥하고 커다란 가로수에는 예쁘고 알록달록한 꽃들이 피어 있었다. 저렇게 큰 나무에서 꽃이 피다니 놀라웠다.

그 당시에는 신발을 신지 않은 아이들이 많았다. 치안이 불안하여 이따금 있는 쇼핑센터에서는 총을 든 사람들이 지키고 있기도 했다. 사람들이 모두 멋있다. 흑인 남자들은 정말 잘생겼다. 모두 이목구비가 또렷하게 잘생겼다. 순수하고 밝았다.

케냐를 거쳐 마다가스카르에 도착했다. 마다가스카르는 조그만 섬으로 이루어져 있는데 하늘에서 내려다본 그곳은 민둥산 비슷해서 나무는 잘 보이지 않았고 돌과 작은 나무들이 많았다. 그러나 시내에는 비옥한 땅과 과일이 풍부했다.

그리고 6년 전쯤 아르헨티나에 간 적이 있다. 미국을 거쳐 아르헨티나에 갔다. 가는 데만 2박3일이 걸렸다. 가다 지쳐버렸다. 비행기에서 내려 2층 버스를 타고 12시간을 더 갔다. 중간 중간에 나오는 식사가 맛있었다.

멘도사에 도착했다. 한참을 이동한 후 도착한 곳의 지명이 코스모스였다. 그래서 그런지 밤에 하늘을 바라보면 우리나라와 다르게 하늘이 바로 머리 위에 있는 것처럼 가까웠다. 그리고 마치 은하수 등줄기 같은 별무리가 펼쳐졌다.

그곳은 모래바람도 불어오고 낮에는 굉장히 덥다. 우리가 갔을 때는 가을이라서 참을 만했다. 저 멀리 바위에 흰 모자를 덮어쓰고 있는 것 같은 눈 덮인 안데스 산맥이 희미하게 보였다. 특히 포도밭이 많았고 포도주가 유명하다. 거기에 있는 사람들은 낮에는 대부분 일을 하지 않고 있었다.

나는 비행기를 타면 창문 쪽을 좋아하는데 밤에는 달이 내 바로 가까이에 있는 듯하고 유성이 정말 많이 떨어지는 것을 보았다. 세상은 정말 위대하고 아름다운 곳이다. 이 아름다운 곳을 조금이라도 잘 보존해서 우리 후손에게 물려줄 수 있도록 하자.

나는 내가 원하는 삶을 살기 위해, 또 나름 후회하지 않기 위해 노력했다. 당신에게도 멋진 일이 생길 것이다. 열심히 살다 보면 진정 하고 싶은 것을 찾을 수 있다. 나는 직장을 그만두고 오랫동안 내가 하고 싶은 일과 잘하는 일을 생각하며 많은 시간을 보냈다.

처음부터 거창하고 화려한 것이 아니라 소소한 것이라도 일단 시작하자. 요즘 다들 많이 힘들어한다. 이 시간도 잘 이겨내면 더 튼튼한 마디가 생겨 있을 것이다.

5장

지금부터
행복해지는 연습을
하라

인생의 운전대
주인은 당신이다

밖에 햇빛이 찬란하게 빛나도 창밖을 내다보지 않고 밖에 나가보지 않으면 알 수 없다. 내 마음속이 잠자고 있으면 아름다운 세상을 느끼지 못한다.

자연은 오늘도 우리에게 많은 기쁨과 에너지를 선물해주고 있다. 그것을 받지 못하고 흘려보낸다면 손해다. 밖으로 나가자. 그리고 나무와 땅에서 열심히 봄을 준비하는 작은 풀을 보면 같은 기쁨이 느껴진다.

항상 잊지 말고 염두에 두고 살자.

경제가 어렵다고 움츠러들지 말자. 행동하고 행동하자. 이때까지 나를 붙들고 살아온 나는 좀 무시하자. 가족에 대한 집착을 버리자. 내가 바로 서야 가족을 돌볼 수 있다. 의를 따르자. 정의는 게으른 나를 바로 일으켜 세울 것이다.

항상 우주와 가까이하자. 눈을 우주에 돌려라. 지구는 잠깐 머무는 휴게소이다. 휴게소에서 오래 머무르지 않는 것처럼 더 넓은 세계를 바라보며 살자. 당신은 언제나 우주로 나아갈 준비가 되어 있는가?

나와 타협하지 말자. 타협은 변명에 지나지 않다. 오늘이 다시 오리라 기대하지 마라. 오늘은 항상 마지막이다. 그러니 중요한 일부터 해라. 배낭 하나 짊어지고 떠나자. 과거를 붙잡고 있지 말고 흘려보내자. 대신 희망을 잃지 말자. 하루하루 힘든 생활일지라도 감사의 일기를 쓰자.

처음부터 너무 잘하는 사람과 비교를 하게 되면 몇 번 시도하다 포기해버리기 쉽다. 자신에게 맞는 실천 계획을 세우고 내가 할 수 있을 만큼 실천해나가자.

포기하지 말고 끈기 있게 끝까지 나가자. 무엇이든지 기초가 있지 않은가? 나이 먹었다고 자존심부터 부리지 말고 자신의 실력을 인정하자. 오히려 인정하면 빠르다. 모르면 모른다고 인정하고 처음부터 배우자.

지금이라도 늦지 않았다. 자신의 인생을 항상 누군가에게 맡기고 도망치듯 살아가지 말고 당당하게 자신의 운전대를 꼭 붙들고 살자. 그렇지 않으면 세파에 휩쓸려 어디로 가는지도 모르고 살아간다.

사람의 마음이 변해야 한다. 다른 사람에게 인생의 운전대를 맡기고 옆에서 그냥 끌려가고 있지 않은지 살펴보자. 삶의 주인공은 자기 자신이다. 남 눈치 보며 우물쭈물하지 말고 결단력 있게 움직이자.

내 안에 있는 여러 갈래 마음이 서로 운전대를 잡겠다고 아우성을 치고 있다. 그럴 때는 가만히 알아차려야 한다. 그런 마음이 왜 올라오는지를, 그리고 흘러가도록 내보내라. 해결하려고 붙들고 있지 말자.

저 우주에서 나를 보면 먼지 티끌보다도 작을 것이다. 그런데 눈만 뜨면 왜 그렇게 소란스러운가? 먹고살기 위해 직장을 다녀야 하고 결혼을 해야 하고 자식을 양육해야 하고, 남들에게 뒤처지지 않아야 한다는 끝없는 압박감을 느끼며 살아간다.

늘 끊임없이 남과 비교를 하고 행복을 찾기 위해 돈을 추구하며 살지만 먼저 마음이 든든하게 차 있으면 배가 고프지 않듯이 항상 마음의 에너지를 가득 채우자.

오늘 책을 읽다 '리더십'이라는 글귀가 눈에 띄었다. 그리고 그 단어가 기분이 좋았다. 과거 나는 막내이기 때문에 항상 누군가 뒤에서 시키는 일을 하면 나름 편했다.

내게 리더십이 없는 줄 알았다. 그러나 아예 없는 것은 아니다. 큰일도 마음먹으면 잘하고 일도 누구보다도 빨리빨리 잘한다. '난 못해, 난 안 돼.' 같은 자신 없는 마음을 왜 가지고 있는가? 당신도 충분히 잘할 수 있다.

하루는 남편이 자신이 언제 직장을 그만둘지 모르니까 나에게 기술이라도 배우라고 한다. 만약 내가 가장이었다면 어떻게든 헤쳐 나가려고 했을 것이다. 적당히 편하고자 하고 부딪치는 것을 겁낸다면 더 이상의 발전은 없을 것이다. 누군가에게 기대고 남이 해주기를 바라지 말자. 주인의식을 가지고 살자.

잠자고 있는
당신의 의식을 깨워라

자신의 행동을 바꾸기가 힘든 이유도 오랜 시간동안 습관이 되고 축적된 결과 때문이다. 과거 어린 시절부터 축적되어온 생각이 습관을 만들고 습관은 자기 자신이 된다. 자신의 행동에 어떤 패턴들이 있는지 잘 살펴보기 바란다. 무엇보다 자기 자신에 대해 알아야한다. 그래야 고쳐나갈 수 있다.

『잠재의식의 힘』에 이런 내용이 있다.

"잠재의식이야말로 당신이 직접 전능한 존재에 닿게 하는 힘과 지혜의 근원입니다. 즉 삼라만상을 움직이고 별을 운행시키며 태양을 빛나게 하는 힘은 바로 당신의 잠재의식입니다."

우리의 잠재의식은 당신이 잠든 그 순간에도 결코 잠자거나 쉬는 일이 없다. 잠재의식은 다투지 않는다. 그리고 부정적인 생각이나 긍정적인 생각, 옳고 그름을 판단하지 않고 그대로 받아들인다고 전문가들은 이야기한다.

"잠들기 전에 어떤 일이 이루어지기를 간절히 바란다고 잠재의식에게 분명히 새기면 잠재의식이 어떤 것인가를 알게 될 것이다. 당신의 내면의 힘이 당신이 원하는 결과로 이어진다는 사실에 놀라고 기뻐할 것이다."

잠재의식이야말로 당신이 전능한 존재에 닿게 하는 힘과 지혜의 근원이라고 한다. 당신이 현재의식에게 내린 생각이나 결론을 최종적으로 받아들이면 당신의 생각이 곧 당신의 현실이 된다.

미국의 사상가 랄프 왈도 에머슨은 "사람은 하루 종일 자신이 생각하는 바로 그것이다."라고 말했다. 그것은 곧 잠재의식에 새겨진 것은 외부로 표현된다는 것이다. 따라서 우리는 잠재의식에 올바른 인상과 건설적인 생각을 새겨 넣도록 하라는 것이다.

세상에 많은 혼란과 불행이 야기되는 것은 사람들이 현재의식과 잠재의식의 상호작용을 이해하지 못하기 때문이다.

이 2가지 원리가 일치하고 조화를 이루며 자연스럽게 작동하면, 당신은 당신이 원하는 건강과 행복, 기쁨, 편안함을 누릴 수 있다. 잠재의식과 현재의식이 조화롭고 평화롭게 이루어 작동하면 어떤 질병과 불화도 있을 수 없다고 한다.

당신이 어떤 일을 꼭 이루기를 바라고 행동한다면 당신의 잠재의식도 당신의 엄청난 힘을 보여줄 것이다. 지금 우리에게 보여지는 것은 빙산의 일각이다.

잠재의식은 나이와 상관이 없다. 어떤 마음을 가지고 움직이느냐가 중요하다. 좀 더 대의적이고 이타적인 마음으로 행하자. 잠재의식을 잘 활용하면 병에 대한 치유력도 빠르다고 한다.

『청소력』에 보면 부처님의 제자 중에 청소로 깨달음을 얻은 주리반특(周利槃特)의 이야기가 있다. 그의 형은 머리도 좋고 똑똑했다. 그와 다르게 반특은 얼마나 멍청했던지 방금 이야기해준 것도 금방 잊어버릴 정도였다.

다른 불제자들로부터 바보 취급을 받고 있던 주리반특은 자신의 멍청함에 탄식을 하고, 불제자를 그만두겠다는 생각으로 부처님을 찾아갔다.

주리반특이 자신은 너무 멍청해서 이곳에 있을 수가 없다고 이야기하자, 부처님은 말씀하셨다.

"자신이 어리석다고 아는 사람은 결코 어리석은 사람이 아니다. 대신 자신이 현명하다고 하는 사람이 진짜 어리석은 사람이다."

그는 그 말에 큰 감명을 받고 머물러 있기로 했다. 그에게 부처님이 다시 말씀하셨다.

"너는 어려운 설법은 전혀 모르는 것 같으니, 한 가지만 가르쳐주마. 빗자루를 가지고 마당을 쓸어라. '먼지를 털고, 때를 벗겨라.'라고 반복하면서 쓸도록 해라."

처음에는 하는 도중에도 그 말을 잊을 때가 있었지만 또 가까스로 기억해서 꾸준히 했다. 그렇게 1년이 지나고 2년, 5년, 10년이 지나도록 한결같이 청소했다. 처음에는 무시하던 다른 제자들도 묵묵히 계속 청소를 하는 그의 모습에 감탄했다.

반특(槃特)은 청소를 계속하는 중에 '아, 인간도 마찬가지로구나. 마음속에 있는 먼지나 때를 없애는 것이 중요한 것이다!'라는 깨달음을 얻었다. 그렇게 그는 똑똑한 다른 제자들보다 먼저 깨달음을 이루었다.

어쩌면 우리는 너무 많은 것을 안다고 생각한다. 또, 노력은 적게 하면서 결과는 그 이상을 바라기도 한다. 이제는 현관과 방, 부엌, 화장실 세면대, 베란다 곳곳을 청소하는 것부터 시작하자.

청소와 마음은 밀접한 관계가 있다. 세상을 탓하고 현실을 비관적으로 볼 것이 아니라 몸을 움직이고 자신을 내놓음으로서 행복은 찾아온다. 거기에서부터 가정과 식당, 회사, 기업은 더 빛날 것이다. 그 첫 번째 해답은 자기를 내어놓는 일이라고 생각한다.

아무리 값진 보석도 갈고 닦지 않으면 그 진가를 발견하기 어렵다. 사람도 좋은 습관을 꾸준히 행하면 자신의 삶이 변화된다.

작은 집이라도 깨끗이 쓸고 닦으면 기분이 좋아지고 행복해진다. 그러면 서로 불평하는 마음이 없어진다. 상대가 화를 내도 포용할 수 있게 된다. 잠자고 있는 잠재의식을 깨우자.

당신은
소중한 존재이다

"당신의 행복은 무엇이 당신의 영혼을 노래하게 하는가에 따라 결정된다." - 낸시 설리번

수많은 시행착오는 나를 좀 더 성숙시키기 위한 담금질의 시간들이었다. 나를 이렇게 건강하게 지켜주고 보호해주고 길러주신 부모님의 은혜에 감사한 마음을 전한다. 더 이상 남과 비교하지 않고 있는 그대로의 모습을 아끼고 사랑하며 살아야겠다.

화를 내고 불만족스러웠던 것은 나를 사랑하지 않은 데 있다. 이제는 더 이상 자신을 미워하지 말자. 머리에서부터 발끝까지 소중하지 않은 것이 없다. 더 이상 나를 부풀리고 포장하지 않아도 행복하다.

연말이 쥐꼬리의 꼬리만큼 남아 있어 그러는지 모르겠지만, 연말이 다가올수록 나의 생각도 마무리되어가는 느낌이 든다. 새로운 2021년에는 어찌되었든 새로운 해가 될 것은 확실하다. 그만큼 세상은 빠르게 변하고 있다.

요즘은 정말 하루하루가 많이 다르다. 과거에 가지고 있던 생각이 허물어지기도 하고 엄청 중요했던 것이 이제는 별로 중요하게 느껴지지 않을 때도 있다. 아무튼 세상이 많이 변하고 있는 것은 분명하다. 나도 세상의 일부분이기 때문이다.

나의 모습은 자고 일어나면 달라지고 저녁이 되면 또 달라진다. 사람의 마음은 시시때때로 변하고 그 변하는 마음이 예전의 마음과는 다르다.

많은 부분을 나의 고집대로 살아왔다. 모르는 것이 있으면 이제부터 배우면 될 것이다. 모르는 건 창피한 것이 아니다. 잘못된 것을 고치려고 하지 않고 노력하지 않는 것이 더 부끄러운 일이다.

겁나고 움츠러들었던 많은 일들을 하나하나 시도해보고 경험해보자. 두려워하면 정말 배우지 못한다. 이제부터라도 행동으로 하나씩 하나씩 옮기자. 세상은 나를 해치지 않는다. 두렵다고 아무것도 하지 않으면 더욱 더 고립된 삶을 살 것이다.

용기를 내자. 더 이상 내가 하고 싶은 일을 미루지 말자. 그것이 나를 아끼고 사랑하는 일이다. 행동하지 않으면 배우는 것도 없다.

1. 한 가지 일을 시작했으면 포기하지 말고 끝까지 한 뒤에 다른 일을 하자.
2. 변명을 하지 말자.
3. 처음부터 과한 욕심을 부리지 말자.
4. 잘 못하는 것을 인정하자.

5. 남과 비교하지 말고 어제보다 나아진 자신과 비교하자.

자신의 우주에 대해서만큼은 자신이 책임을 져야 한다. 자신의 우주만이 스스로 바꿀 수 있는 유일한 세계다. 순수한 아이처럼 믿고 행동하는 것이다. 그것만으로 오랜 세월 가족들 사이에 형성되어온 부정적인 말버릇과 그것을 생산하는 연결고리를 끊을 수 있다.

가족끼리의 우주는 보다 밀접하게 연결되어 있기 때문에 하나의 우주가 바뀌기 시작하면 가족 전체가 변화되기도 한다.

과거에 나는 온통 부모님 걱정을 안고 살았다. 특별히 내가 도와줄 수 있는 부분도 없으면서 단지 정에 이끌려 걱정만 했던 것이다. 그래서 전혀 행복하지 않았다. 마치 부모님이 행복해야 내가 행복할 수 있을 것 같은 착각 속에 빠져 살았다. 그러다 보니 어느 한곳에 미친 듯이 빠져 집중할 수가 없었고 일을 이루지도 못했다.

결혼을 하고는 또 아이들에게 온통 신경이 집중되어 있다. 그래서 하나하나 간섭을 하고 신경을 쓰고 있다. 마치 아이들이 행복해야 내가 행복할 것 같은 착각에 빠져 살곤 한다.

그러나 아이들이 성장하면서 부모의 말을 듣지 않는다. 본인만의 생각이 있는 것이다. 부모의 생각을 언제까지 강요할 수는 없다.

『연금술사』에 보면 이런 내용이 있다.

"그것은 나쁘게 느껴지는 기운이지. 하지만 사실은 바로 그 기운이 자아의 신화를 실현할 수 있도록 도와준다네. 자네의 정신과 의지를 단련시켜주지."

우리는 살면서 좋지 않은 기분과 우울한 기분을 느끼기도 하고, 어떤 일에 회의감이 들기도 한다. 그러나 목표가 너무 쉽게 이루어지면 아마 사람들은 또 지루하고 재미없어 죽으려고 할 것이다. 그나마 기분이 나쁘고 우울하기 때문에 더 잘 살려고 노력한다. 그럴 때 달콤한 꿀을 얻을 수 있기 때문이다.

잘 안되는 것이 정상이다. 힘든 사람이 행복한 사람보다 훨씬 더 많다. 이제는 인정하고 가면 넘어지더라도 덜 아플 것이다. 누구나 다 넘어질 때가 있다 어떻게 받아들이느냐가 더 중요하다.

"이 세상에는 위대한 진실이 하나 있어. 무언가를 온 마음을 다해 원한다면, 반드시 그렇게 된다는 거야. 무언가를 바라는 마음은 곧 우주의 마음으로부터 비롯된 때문이지. 그리고 그것을 실현하는 게 이 땅에서 자네가 맡은 임무라네." - 파울로 코엘료, 『연금술사』

멋진 말이다. 기술을 배우고 싶은 것, 그림을 그리고 싶은 것, 요리를 하고 싶은 것, 춤을 추고 싶은 것, 누군가를 만나고 싶은 것, 어디론가 떠나고 싶은 것, 진리를 찾고자 하는 것, 좀 더 보람과 가치를 추구하는 것.

세상 만물은 모두 한가지다. 우리가 무언가를 간절히 원할 때 온 우주는 우리의 소망이 실현되도록 도와준다. 그리고 '자아의 신화'를 이루어내는 것이야말로 이 세상 사람들에게 똑같이 주어진 유일한 의무다.

"내가 나를 위해 살아주지 않으면 누가 나를 위해 살아줄까요? 가장

소중하고 귀한 자신부터 먼저 사랑하세요."

나를 무조건 사랑하기로
결심하자

"나는 나의 힘과 자신감을 늘 외부에서 찾고 있었다. 그러나 그런 것들은 항상 나의 내면에 있었다." - 안나 프로이트

사람도 다 자신의 역량과 역할이 있다. 마른 사람은 마른 사람대로 뚱뚱한 사람은 뚱뚱한 사람대로 다 역할이 있다. 또 겉모습으로 그 사람을 모두 판단할 수 없다.

어떻게 하면 자존감을 올릴 수 있는지를 생각했다. 의식적으로라도 당당해져야겠다고 마음을 가진다. 어떻게 하면 당당해질 수 있을까? 당당하려면 강해져야 한다. 강함은 자연의 마음이다. 결코 나약한 마음이 아니다.

두려운 것이 또 자연이다. 자연에서 배우자.

'이때까지 살아오면서 당신을 좋아해본 적이 있는가?'

대부분 '아니요'라고 대답할 것이다. 자신의 목표치를 저 꼭대기 위에 올려놓고 남과 비교를 하며 끊임없이 자신을 학대하며 살아온 당신에게 이제는 선물을 하나씩 해주기 바란다.

어린 시절 우리는 예쁜 인형에게 자신이 입어보지 못하는 온갖 드레스를 입혀놓고 대리만족을 하며 꿈을 꾼다. 그리고 백마 탄 멋진 왕자를 상상하며 순정만화를 읽기도 한다. 그러나 현실은 어떤가? 정반대이지 않던가?

부모님은 싸우기 바쁘고, 뭔가를 가지고 싶어도 얘기를 꺼내지 못하고 벙어리 냉가슴 앓듯 혼자 끙끙 앓고 지나간다. 학교에 가면 몇몇 힘 있고 기득권 가진 아이들이 주인공이 된다.

이제는 당신을 알아야 한다. 의사들도 병이 어디서부터 시작되었는지 원인을 알아야 치료가 가능하듯 자신을 알아야 한다. 나를 무조건 사랑하기 위해서는 나를 알려고 노력해야 한다. 그리고 있는 그대로 인정해야 한다.

자신의 시기, 질투하는 마음을 그대로 바라보아야 한다. 억누르려 하지 말고 '무엇이 그렇게 너를 힘들게 하니? 내가 다 받아줄게.' 하며 그대로 바라보자.

모든 것을 다 완벽하게 하려고 하지 마라. 조금 부족하면 어떤가? 힘을 빼자. 항상 자신을 지지하라. 막상 행동을 하면 생각했던 것만큼 긴장되지도 않고 쉽다는 것을 알게 된다. 그러나 생각만 하면 실수할까봐 잔뜩 긴장을 하게 된다.

아침에 찬바람을 맞으며 집을 나서면서 무슨 생각을 하는가? 아무리 추운 날씨에도 땅 밑에서는 봄을 준비하고 있다. 오늘 하루는 나에게 축복이고 최고로 멋진 날임을 인식하자. 어제와 다른 오늘을 만들어보자. 아무리 힘든 날도 시간이 지나면 역사이며 보물이 된다.

실망하거나 걱정하거나 외로워하지 말라. 내일은 더 큰 축복이 휘날릴 테니까. 가보지 않은 길은 누구도 얘기할 수 없으니까. 자신에게 말해주라.

'너는 남들과 달라. 특별하단다. 왜냐하면 오로지 너만의 길을 가고 있으니까. 남들과 다르다는 건 또 특별하단다.'

남들보다 조금은 고단하고 몸이 힘든 일이지만 노력만큼이나 보람이 있고 값진 선물이다. 당신이 하는 일을 하늘이 알고 땅이 알고 자기 자신이 안다. 기쁜 마음으로 정직하게 하는 일은 수십 배로 당신에게 돌아온다.

나는 나 자신을 용서한다. 나는 나 자신을 사랑하고 칭찬한다. 나에게는 사랑의 에너지가 있고 그 사랑은 모든 사람이 받고 넘칠 정도로 많다. 나는 나 자신을 사랑하고 지금 모습 그대로를 받아들인다. 나는 기쁜 마음으로 인생을 받아들인다.

인생은 모든 면에서 나를 지지해준다. 평화, 기쁨, 사랑, 편안함이 내 안에 가득하다. 나는 인생의 모든 일에 평화와 안정감을 느낀다. 나의 주위에는 행복하고 밝은 사람들이 함께한다. 나에게는 모든 물질이 흘러넘칠 정도로 풍족하다.

나는 내 인생의 주체다. 아무도 내 허락 없이 나에게 영향력을 행사할 수 없다. 나는 독립적이고 용기 있는 사람이다. 나는 자신의 욕구를 당당하게 표현할 수 있다. 나는 언제나 자유롭다. 삶의 에너지가 내 몸 안에서 자유롭게 흘러넘친다. 나는 자유를 사랑하고 신뢰한다.

인생은 항상 변한다. 나도 매 순간 성장하고 있다. 나는 긴장을 풀고 인생의 흐름에 몸을 맡긴다. 나는 억지로 무언가를 고치려고 하기보다는 자연스럽게 조금씩 익숙해져서 꾸준히 할 수 있도록 한다. 내가 더 잘할 수 있는 일에 초점을 맞추어야 한다.

부정적인 생각은 흘려보내고 대신 긍정적인 생각을 채우자. 자신과 다른 사람에 대한 비난을 그만두라. 자신을 있는 모습 그대로 받아들여라. 가능하면 자신을 많이 칭찬하고 사랑하자. 자신을 사랑하면 몸의 병을 치료하는 데에도 많은 도움이 된다.

이렇듯 나라는 사람은 코스모스를 떼어놓고는 성립되지 않는다. 위대한 저 별들의 집합체 속에서 이루어진 결정체인 것이다. 내 몸이라고 함부로 할 수 있는 것이 아니다. 올 때도 빈손으로 왔듯이 갈 때도 빈손으로 돌아간다.

내가 살아왔던 과거의 배경과 현재의 보이는 모습이 나의 전부는 아니다. 그것으로 자신을 평가하지 말자. 바람이 불면 엎드려서 바람이 지나가기를 기다리자. 그리고 앞날을 위해 준비를 하자.

05

지금부터
행복해지는 연습을 하라

행복(幸福)은 사전에서 '복된 운수, 살기에 부족함이 없는 흐뭇한 상
태'이다. 마음에 근심과 걱정이 없는 상태가 행복이다.

성공학의 창시자 오리슨 스웨트 마든은 두 사람에 대해서 말한다.

"두 사람이 있다고 가정해보자. 한 사람은 나뭇잎 하나에 감탄하고,
꽃 한 송이에서 신성한 의미를 찾으며, 아름다운 경치만 보면 기쁨으로

영혼이 울렁거리고, 저녁노을이 질 때면 그의 영혼까지 발개진다. 다른 사람은 그저 평범한 나뭇잎 하나, 꽃 한 송이, 저녁 노을이라고 무심하게 볼 뿐이다. 이런 사람은 절대 행복을 찾을 수 없다. 미적 감성과 미적 쾌락의 기쁨을 얻을 수 있는 기회를 가지고 있지 못하기 때문이다."

우리 곁에는 무한하면서도 자유롭게 쓸 수 있는 행복의 재료들이 많이 있다고 했다.

저 하늘을 보자. 푸르고 아름답다. 그리고 계절마다 우리에게 돈을 받지 않고 아름다운 모습을 선사한다. 공기를 주면서 돈을 받지도 않는다. 그에 비하면 우리가 하는 노력은 새 발의 피에 불과하다.

삶의 기쁨은 밖에 있는 것이 아니라, 우리 마음 안에 있다. 받아들이는 감정이 중요하다. 내 마음이 어느 한쪽에 기울어져 있다면 자연의 많은 모습들을 놓치고 살아갈 것이다. 우리는 너무나 자주 '쾌락'과 '행복'을 혼동한다.

쾌락은 말초신경에서 느끼는 동물적인 일시적인 기쁨이고 지나면 허탈하다. 식욕이나 열정에서 오는 쾌락은 미적 감상이나 깨달음에서 얻을 수 있는 기쁨과 비교한다면 찌꺼기에 불과하다.

우리 주위에는 무한하면서도 언제든지 느낄 수 있는 행복의 재료들이 많이 있다. 마음을 열면 보인다. 항상 긍정적인 방향에 초점을 맞추며 살자.

우리는 살아가면서 얼마만큼 웃고 사는가? 젊어서는 결혼하기 바쁘고 결혼하면 자식 키우기 바쁘고 노후준비하기 바쁘고 나이 들어서는 과거를 후회하기 바쁘다.

중학생 때 꿈을 적으라는 종이에 '작가'라고 썼다. 나는 생각나는 대로 썼는데 글을 본 친구가 잘 쓴다고 해서 기분이 좋았던 기억이 난다. 책도 손에 잡히면 읽었고, 책이 보이면 왠지 손이 먼저 가고 친근감이 들었다.

나는 창의적이고 예술적인 것을 좋아한다. 일찍부터 나와 맞는 일을 했더라면 덜 힘들었을 것이라는 생각도 들지만, 지금 나 자신에 대해 알게 되는 것만으로도 탓하는 마음을 내려놓을 수 있게 되었다.

너는 유별난 게 아니라 특별하다.

조금 다를 뿐이야.

저 하늘의 별들도 모두 다 다르지.

그래서 조금 다를 뿐이야. 너는 너다.

더 이상 미운 오리가 아니라 화려한 백조란다.

백조의 삶을 살아라. 남들과 똑같아지려고 하지는 마. 너는 너니까.

아침 일찍 일어나니 저 멀리서 비행기 소리가 들려온다. 그것도 나쁘지 않구나. 아침이라 조용하다. 우리 아이들이 좀 말랐는데 좀 더 신경 써서 골고루 먹을 것을 해줘야겠다는 생각이 든다.

어떤 일이든 기쁜 마음으로 하게 되면 행복하다. 무엇보다도 무언가 나 스스로 해냈다는 자부심이 크다. 원래 세상은 참 아름다운데 말이다. 저 높은 곳에서 아래를 내려다보면 지구는 정말 멋진 곳이다. 왜 멋지게 살지 못할까?

자신이 사는 곳, 집, 가족만 보면 갑자기 작아진다. 나의 살아왔던 패턴 때문일까? 최선을 다해왔다고 인정을 하자. 앞으로 남은 시간 동안 시간을 잊을 정도의 열정적인 삶을 사는 것이다. 나에게도 남에게도 긍정적으로 보고 좋은 말을 쓰자. 칭찬을 많이 하자.

사람들을 위해 용기도 주고 함께 성장해나갈 것이다. 우리는 현실이라는 우리에게 주어진 사명으로 인해 어렵고 힘이 들지만 더 성장해나갈 것이다. 나는 점점 나아지고 있다.

우주도 늘 끊임없이 변화하고 있다. 더 이상 전전긍긍 하지 말고 자신의 삶을 변화시켜보자. 행운과 기회는 내가 얼마큼 움직였느냐에 따라 나에게 오는 것이다.

행복은 자아를 잊을 만큼 어떤 한 가지 일을 열심히 할 때 얻는 보람과 기쁨일 것이다. 사람은 각기 자신에게 어울리는 일이 있다. 그 일을 하는 사람은 정말 행복해 보인다.

나는 사람들이 행복한 모습을 보면 같이 행복한 느낌이 든다. 천칭처럼 어디에도 기울지 않는 중심을 가지고 평온한 마음으로 살고 싶다.

밖에는 오랜만에 눈이 제법 쌓였다. 나는 아이들을 데리고 밖으로 나갔다. 큰아이는 눈사람 밑을 만들고 둘째 딸은 위를 굴리며 제법 크게 만들었다. 눈덩이 2개를 연결하니 큰 눈사람이 완성되었다.

오랜만에 아이들도 신이 나서 시간 가는 줄 모르고 놀고 있다. 눈도 붙이고 입도 만들어서 붙였다. 너무 오래 밖에 있으면 감기 걸릴까 봐 억지로 데리고 들어왔다. 집안에 들어오니, 누군가 지나가면서 눈사람 사진을 찍는다. 그 모습을 보는 아이들이 흐뭇해한다.

처음 온라인 수업을 시작하면서 게임을 너무 많이 해서 걱정을 했는데 이제는 책도 제법 오래 읽고 미래에 대해 생각을 하면서 시간을 나름 조절하려고 하니 고맙다. 마냥 어린 줄로만 알았는데 이제는 제법 의젓한 티가 난다. 부모는 아이들과 잘 지내는 게 행복이다.

우리는 행복을 크고 거창한 것에서 찾으려고 하는데 화장실 다녀와서 속이 편안한 것도 행복이고, 아프지 않은 것도 행복이고, 두 발로 어디든지 다닐 수 있는 것도, 가족이 모여 식사를 함께 할 수 있는 것도 행복이다.

무엇보다 감사함을 느낄 수 있는 것이 행복이다. 내가 숨을 쉬고 이 자리에서 살아갈 수 있는 것도 행복이다. 건강하다는 것이 정말 소중한 행복이다.

새롭게 나를 디자인하자. 긍정적이고 가볍게 살아가자. 부정적인 생각이 든다면 몸을 부지런히 움직여서 거기에 생각을 빼앗기지 말자. 과거로 뒷걸음치지 말고 앞을 보고 나아가자.

자신의 멘토를 정하자. 삶의 롤모델을 한 사람쯤 두고 노력하자. 자신의 소신이 옳다면 뜻을 굽히지 말고 밀어붙이자. 겁이 나서 물러선다면 아무 일도 못할 것이다.

글을 잘 쓰려면 잘 살아야 한다는 이야기를 어디서 들은 것 같다. 나는 결혼을 하고 살면서 처음에는 남편을 많이 원망했다. 나는 똑똑하고 눈치도 빠른 데 비해 남편은 성격도 그렇고 모든 면에서 부족한 듯 보였다.

그런데 요즘 글을 쓰면서 나 자신을 보니 부족함이 정말 많이 보인다. 그런데 오히려 남편은 차분하게 모든 면에서 끈기 있게 잘해가고 있다. 남편에게 미안하고 나 같은 여자를 만난 남편이 오히려 안타깝다는 생각이 들었다.

진정으로 행복하기 위해서는 기존의 패턴을 고수할 것이 아니다. 과거의 것을 내보내야 새로운 것을 채울 수 있다. 그렇게 했을 때 앞으로의 삶을 더 가치 있고 보람 있게 보낼 수 있다.

아무리 지식을 익히고 성공서적을 보아도 결국 행동은 내가 해야 한다. 직접 행동해보지 않으면 알 수 없다. 먹어봐야 맛을 알고 그 일을 해봐야 경험이 쌓인다.

사람은 만족하기가 정말 어렵다. 그렇기 때문에 또 열심히 살고 있다. 그러나 헤매는 시간이 너무 길다. 그리고 또 언제 죽을지도 모르는 시간 속에서 살아가고 있다. 행복은 우리가 열심히 흘리는 땀방울에 부모나 형제 친구에게 주는 사랑에 함께 담겨 있다. 한 사람 한 사람이 활짝 웃을 때 우주도 함께 웃는다.

우리는 행복을 찾아서 한평생 숨바꼭질을 한다. 어느 동화책에서 하나님이 사람에게 보물을 숨겨놓았으니 찾아보라고 했다. 그 보물이 어디에 있는지, 깊은 산속에 있는지, 바다 속에 숨겨놓았는지, 찾아 헤매며 다녀도 결국 찾지 못했다. 알고보니 보물은 가장 가까우면서도 보이지 않는 곳에 숨겨져 있었다. 눈치챘는가? 그것은 바로 당신 마음 안에 있다.

있는 그대로의
나를 사랑하자

"극복할 장애와 성취할 목표가 없다면 우리는 인생에서 진정한 만족이나 행복을 찾을 수 없다." – 맥스웰 몰츠

내가 소중하다고 하는 것들. 그것은 단지 우리가 찾고자 끊임없는 두드림과 노력으로 그 모습이 드러날 것이다. 소중하고 위대한 사람도 바로 나 자신이다. 나를 먼저 아끼고 소중하게 대해주어야 한다.

나는 멋진 사람이다. 마음은 누구나 저 하늘의 별처럼 반짝반짝 아름다운 빛을 가지고 있다. 이제는 그 사랑을 밝힐 때가 온 것이다. 당신이 이때까지 당신에게 만족하지 못한 것은 더 큰 의미를 찾기 위해서이다.

이 세상은 정말 멋지고 아름다운 곳이다. 어렵게 태어났는데 또 힘들고 어렵게 살아간다면 얼마나 안타까운 일인가. 자신감을 가지고 자신을 사랑하며 살아가자. 나를 응원하자.

어려서부터 항상 나 자신에 대해 고민을 하고 내가 바뀌기를 원했다. 그러나 속으로만 고민하고 있었다. 그러나 번뇌를 없앤다고 모두 깨끗이 사라지는 것은 아니었다.

오히려 나를 잊을 만큼, 자아가 사라질 만큼 열심히 움직이고 일을 했을 때 번뇌가 일어나지 않았다. 새해에는 나를 잊을 만큼 열심히 살자. 거기에 진정한 보람과 행복이 있다. 내 안에 떠도는 쓰레기들을 내다 버리고 몸도 마음도 홀가분하게 살아가자.

지구라는 하나의 별에서 우리는 살아가고 있다. 함께 건강하고 행복할 수 있는 일은 무엇이 있을지 생각해보자. 내 이웃이 곧 나의 부모요 언니 오빠이고 동생이라고 생각하자. 가까이 있는 사람도 사랑하자. 결코 떼어놓고는 생각할 수 없는 것이다. 내 안에서 아무리 행복을 부르짖어도 나만 행복할 수는 없다.

어느 것 하나 우연히 이루어지는 것은 없다는 생각이 든다. 정말 보이지 않는 소중하고 감사한 분들이 많이 있다는 것을 알게 되어 나 자신이 많이 부끄럽고 한편으로는 너무 감사하다는 생각이 든다. 나를 조금이나마 이렇게 알게 되기까지 정말 많은 시간이 흘렀다.

집안에 너저분하게 널려있는 물건들을 청소하기 시작했다. 이제는 집이 작은 것이 문제가 되지 않는다. 얼마만큼 청결을 유지하느냐가 더 중요한 일이다.

깨끗이 청소를 하고 나니 기분이 좋고 마음까지 깨끗해진다. 그동안 생각은 하고 있었지만 마음에 여유가 없어 넣어놨던 물건들을 닦고 정리하기 시작했다. 이렇게 건강하게 살게 된 것도 정말 감사한 일이다.

그 일이 나에게 주어지지 않는 것은 그만한 역량이 아니어서 그랬다고 생각하면 편할 텐데, 자신을 알지 못하고 현실 탓만 하고 있었다. 마음을 덮고 있었다. 어둡게 말이다. 모든 것을 내 중심으로 보고 있었다. 그러나 그것은 맞는 것이 아니었다.

내가 하고 싶은 일은 조건이 되었을 때 자연스럽게 하는 것이지 억지로 하는 것이 아니다. 마음의 넓이만큼 담을 수 있는 것이다. 마음이 많지 않으면 흔들리지 않는다.

살기 좋은 세상은 지금 이곳. 내가 있는 이곳이다. 세상은 이미 모든 것이 부족함이 없는데 사람은 항상 없다고 부족하다고 아우성을 치며 살고 있다. 이미 모든 것은 충분히 넉넉하게 가지고 있다는 마음에서부터 시작하자.

자꾸 없는 것에 신경 쓰다 보면 오히려 마음까지 어두워진다. 있는 것에 초점을 맞추자. 내 안에 사랑이 있음을, 내 안에 행복이 있음을 생각하면서 시작하자.

모든 것은 이미 다 완벽하다. 나의 모습도 지금 이 자체로 완벽하다. 단지 약간의 고칠 점이 남에게 크게 피해를 주지 않는다면 자신을 위해 조금씩 바꾸어나가자. 우리 부모님은 나를 온전한 모습으로 낳아주셨다.

조금 모나고 불편한 나의 성격도 오히려 더 많은 사람들을 이해하고 공감하는데 더 도움이 된다. 나는 그렇게 그런 성품의 달란트를 가지고 온 것이다. 그런 나도 사랑하자. 남들보다 조금 더 예민한 나도 그 자체로 사랑하자. 일순간에 뜯어 고친다고 모든 것이 달라지지는 않는다. 자신만의 장점을 잘 키워나가자.

『나는 생각이 너무 많아』에 보면 이런 내용이 있다. 정신활동이 유별나게 활발한 사람들이 있다. 즉 '정신적 과잉 활동인'이라 부른다. 감각이 섬세하고 오감이 발달해 있다. 주로 우뇌가 발달한 사람들이다. 이런 사람들은 전체 인구의 15~30% 정도 된다고 한다.

그들은 생각이 주체할 수 없을 정도로 많아 피곤한 사람들이다. 관찰하는 것을 좋아하고 지적인 이들은 토론하기를 무척 좋아한다. 그냥 무관심하게 흘려보내는 법이 없다.

대부분의 사람들의 눈으로는 그들이 잘 이해되지 않는다. 궁금한 것에 이의를 제기하는 그들은 남들로부터 매사에 부정적이라는 말을 듣기 쉽다. 또 매사에 너무 마음을 쏟는다고 핀잔을 듣는다. 별것도 아닌 일에 예민하게 군다고 한소리 듣기도 한다.

예술가, 창작가 중에 이런 사람이 많다고 한다. 레오나르도 다빈치도 이 유형에 속할 것이라고 한다. 이들은 새로운 것을 배우고 창조하는 것을 무척 좋아한다. 열등감을 많이 느낀다는 것은 곧 지능이 우수하다는 것이다.

자기 자신의 모습을 잘 관찰해보자. 여러분은 그렇게 타고났을 뿐인데, 자기 의지로 바꿀 수 없는 부분을 지금까지 자책하지는 않았는가? 이제는 자신의 과도한 감수성을 인정하고 당당하게 그 모습을 내세우며 살아갈 때다.

"자기 자신을 조금씩 더 믿어주면서 창조성을 한껏 누려보라. 자신의 능력을 더 크게 발휘할 수 있을 것이다. 창조성을 반드시 회복해야 한다. 이런 사람은 꿈을 꾸어야만 정신적 균형이 잡히는 사람들이다."

일단 사기를 떨어뜨리는 내면의 소리를 진정시키고 자신의 꿈을 차분히 탐색해서 구체적인 계획들로 변모시켜나가자. 자신의 끼를 마음껏 펼쳐나가자.

빌 게이츠는 직원을 뽑을 때 가장 중요하게 생각하는 한 가지만 본다고 한다. 그건 바로 창의력이다. 우리가 그렇게 중요하게 여기는 학력은 보지 않는다. 학력과 창의력이 큰 관련성이 없다는 것을 알고 있기 때문에 그랬을 것이다.

"우수한 기술력을 기반으로 한 크리에이터의 창조력, 파트너십, 그리고 미래의 비전이 성공을 위한 열쇠다."

이렇게 선별된 직원들에게는 최고의 근무환경을 만들어주며, 능력 보장제도인 스톡옵션도 전 직원을 대상으로 시행한다. 실제로 직원들 중에 2년 안에 2,000명 이상이 큰 부를 이룬 사람들이 나온다.

직원들은 주당 80시간 이상의 격무에 시달리지만 불평 한마디 없이 근무한다고 한다. 자신들이 재미있고 원해서 하는 일이기 때문이다.

누구에게나 자신만의 장점이 있다. 오늘부터 당당하고 행복한 자신을 상상하자. 몸을 계속 움직이며 꿈을 이루어가자. 실패를 두려워하지 말자.

나는 아직 살아 있고 건강하다. 어떤 일도 다 할 수가 있다. 나이가 들었다면 경험이라는 재료가 있는 것이다. 오늘 지금 이 자리에 있음에 감사하자.

오늘은 특별한 날이다. 내 인생 최고의 날이다. 나는 운이 정말 좋은 사람이다. 하루에 한 가지 자신이 잘한 일을 칭찬해 주자. 당신은 특별한 사람이다. 시간이 지나면 지금 이 순간도 역사가 된다. 당신에게는 무한한 능력이 있다. 창조력이 있다. 그래서 희망이 있다.

삶의 진정한 의미를
찾아라

"삶에 진정한 흥미가 있고 호기심이 있는 삶을 살면 잠이 가장 중요한 것이 아니라는 것을 발견한다." - 마사 스튜어트

삶의 진정한 의미를 찾아라. 그것은 참 자아를 찾는 일이다. 만약 그 목적을 알지 못하고 재미있는 것, 맛있는 음식, 놀이, 일 등에 안주한다면 정작 중요한 목적을 놓칠 수 있다.

지금 이 시점에서 진짜 나에게 필요한 것은 무엇인가? 나를 제대로 보고 나를 비워내는 일이다.

　　지금 이 시간에도 수많은 사람이 태어나고 죽어간다. 우리는 어떻게 살아야 하는지에 대해 끊임없는 고뇌를 하면서 살아간다. 무슨 일을 하면서 어떻게 살아가는가가 정말 중요하다.

　　자기가 좋아하는 일을 하라는 얘기를 많이들 한다. 좋아하는 일의 기준은 무엇일까? 자신의 적성에 맞는 일일 것이다. 그러나 거기에는 복병이 숨어 있다. 그 좋아하는 일도 자기희생이 없이는 성공에 도달하기가 힘이 든다는 것이다.

　　요즘은 많이 배우고 의식수준이 높아져서 모두들 힘들고 지저분한 일은 꺼리고 오로지 처음부터 자기 적성에 맞는 일을 찾기 위해 많은 시간을 낭비하고 있다.

　　오로지 자기 좋아하는 일만 쫓는다고 행복이 찾아오지는 않는다. 아무리 멋진 드라마를 보고 재미있는 게임을 해도 그때뿐이다. 자기가 좋아하면서도 타인에게 피해를 주지 않아야 한다. 시간은 나를 위해 기다려주지 않는다. 생명과 같은 것이다. 재미있는 것만 쫓아다니지 말자.

25일 경제신문에 고급반도체 기술을 중국에 팔아먹은 일당이 검찰 조사를 받는다는 내용이 나왔다. 아무리 돈이 좋은 세상이라고는 하지만 자신의 양심과 국가를 저버려야 되겠는가?

살다 보면 주위에 수많은 유혹이 있다. 그러나 중심이 바로 서 있지 않다면 결국 휩쓸릴 것이다.

내가 아는 지인 중에는 수익이 많이 난다는 말에 1억 넘게 잘못 투자를 했다가 처음 몇 개월간 조금의 수익금을 받고 1년 전부터는 아예 그 회사가 없어져서 그 빚을 갚는 데 허덕이고 있는 사람이 있다. 자신의 남편이 알면 이혼당할까 봐 전전긍긍하고, 설상가상으로 장사가 잘 안되다 보니 그 이자도 갚기 버거워하고 있다. 죽으려고 생각도 했다고 한다.

과연 그 돈은 누가 다 가져간 것일까? 물론 첫 번째 원인은 당사자에게 있다. 일이 고되다 보니 좀 더 빨리 벌어서 좋은 쪽에 쓰고 싶은 생각이 있을 것이다. 그러나 그런 성급한 욕심을 노리는 사람도 있다는 것을 잊지 말자.

요즘은 어릴 때부터 핸드폰을 가지고 논다. 허전한 마음을 그런 쪽으로라도 풀려고 하는 것이기도 하고, 핸드폰이 필요하기 때문에 더 그럴 것이라고 생각은 하지만 너무 심하다 싶을 때도 있다. 놀이에 더 좋고 나쁜 게 있겠냐 싶겠지만 우리 모두 삶의 근본적인 물음에 가까이 다가가기를 바란다.

우리 남편은 일이 없을 때는 잠시도 가만히 있지 않고 라디오를 듣고 뉴스를 듣는다. 물론 정보를 알아야 하기는 하지만 삶의 주체는 내가 되어야 한다. 차라리 그 시간에 눈을 감고 자신을 돌아보고 어떻게 살아가야 하는지 생각하는 것이 더 도움이 된다고 본다. 자기 자신을 아는 것이 무엇보다 중요하다는 생각이 든다.

예전에 교과서 앞장에 국민교육 헌장이 있었다. '나는 이 땅에 무궁한 영광을 위하여 태어났다.'라는 구절이 있다. 무궁한 영광을 위하여 대한민국의 한 사람으로 태어난 것이다. 귀하고 소중한 사람이다. 그 정신이 살아 있어야 한다. 잊지 말자, 소중한 그 정신을. 대한민국의 국민이라는 것을 잊지 말자.

돈이 없다고 기죽지 말자. 어느 누구도 나를 평가할 수 없다. 오로지 스스로 할뿐이다. 지금 느끼는 수많은 열등감은 우리 조상 대대로 물려받은 유전자다. 반대로 꿋꿋하게 지켜온 우리만의 정신, 자부심을 잊지 말자. 대한민국의 정신을 사랑하자.

나는 이렇게 생각한다. 사람이 사는 것이 어려운 이유는 함께 사는 법을 배우기 위해서이다. 함께 이루어야 진정한 행복을 찾을 수 있다. 함께 일하면 기쁨과 행복도 2배가 된다.

'빨리 가고 싶으면 혼자 가고 멀리 가고 싶으면 함께 가라.'라는 말이 있듯이 우리는 함께 가야 한다. 인생은 장거리와 같다. 끝에 가서 웃을 수 있는 사람이 진짜 성공한 사람이다.

얼마나 당신을 위해 살았고 얼마만큼 행복했는가? 요즘 어떻게 살아가고 있는가? 혹시 아침에 일어나 뉴스로 시작해서 드라마로 끝나지는 않는가?

우리는 끊임없이 시간과의 전쟁을 치르며 살아간다. 여유가 있으면 있는 대로, 또 없으면 없는 대로 시간에 쫓기듯 살아간다. 그러나 그 어떤 것이라도 내 자신이 마음먹고 움직이려 하지 않는 한 만족스러운 결과는 얻기 어렵다.

러시아 곡 중에 〈백만 송이 장미〉가 있다. 우리나라에서는 심수봉 님이 불렀다.

"미워하는 미워하는 마음 없이
아낌없이 아낌없이 사랑을 할 때
수백만 송이 백만 송이 백만 송이 꽃은 피고

그립고 아름다운 내 별나라로 갈 수 있다네."

당신은 특별하고 남들과 다르다. 뭔가를 억지로 이루려고 애쓰지 마라. 때가 되면 해야 될 일이라면 하게 된다. 그들을 도와주고 싶었고 더 행복한 삶을 살도록 돕고 싶었다. 그래야만 나 자신이 행복할 것 같았다.

그러나 내면의 자아가 그런 일을 하려고 하면 거짓 자아는 또 비아냥거리면서 '네가 무슨 잘난 게 있다고 남을 도울 수 있어?'라고 용기를 팍 꺾어버린다. 그러면 거짓 자아 편에 서서 '그래 내가 무슨' 하며 과거에 하지 못했던 일들을 생각한다. 그렇게 무료하고 지지부진한 일상을 살아간다.

살다 보면 어떤 때는 뒤죽박죽 실마리가 보이지 않을 때가 있다. 그럴 때는 결론에서부터 시작하자. 끝매듭에서부터 시작하자. 완벽하게 다 잘 하려는 마음도 내려놓자. 나를 내려놓고 모든 것을 내가 하려는 마음도 내려놓자. 가끔은 결말에서부터 시작하자.

『나는 죽을 때까지 재미있게 살고 싶다』에는 이런 내용이 나온다.

"그때 다른 선택을 했더라면 어떻게 되었을까. 그 일이 왜 나에게 일어났을까. 좀 더 참아볼 것을…"

누구에게나 아픈 과거가 있다. 시간이 많고 나이가 들어갈수록 좋은 기억보다는 가슴 아픈 후회를 더 많이 하고 산다. 과거는 이미 지나간 것이라는 걸 알면서도 그때 그렇게 하지 말아야 했다고 후회를 하기도 한다. 과거의 기억이 현실을 가로막을 때가 많다. 하지만 과거는 과거다.

특히 시간이 많아질수록, 몸이 바쁘지 않을수록 과거 속에 살기 쉽다고 한다. 제일 좋은 것은 과거를 잊어버리는 것이지만 완전히 잊기란 불가능하다. 그렇다면 과거를 가지고 놀라고 이야기한다.

'그래, 과거는 아무것도 아니야.'

과거를 너무나 크고 거창하게 생각하고 모셔놔서 버리기 힘들었을 것이다. 과거를 내가 쓴 휴지로 생각하면 아무렇지 않게 버릴 수 있을 것이다. 이제는 시원하게 비워내고 가벼운 마음으로 살자. 자존심도 좀 버리고 살아가자.

몇 년 전부터 명상을 시작했다. 내가 살아왔던 삶을 돌아보고 '빼기' 를 하고 있다. 아직 부끄럽게도 많이 부족하다. 이제는 벗어나는 방법 을 알기 때문에 그때그때 비워내고 있어서 좋다. 과거에 시작한 명상이 많은 도움이 되고 있다.

요즘은 줌을 많이 사용하고 있다. 이제는 문제를 문제로만 보지 않 는다. 내 안에 있으니 올라오는 것이고 비워내면 된다. 나를 좀 더 객관 적으로 바라볼 수 있어서 좋다.

사람은 누구나 살다보면 자신의 생각으로 인해 주체할 수 없는 힘든 과정을 지나기도 한다. 그 문제만을 보고 해결하려고 한다. 그러면 그 문제는 눈덩이처럼 자꾸만 불어나서 결국은 자신을 덮어버린다. 그 생 각이 진짜 자기 자신은 아니다. 그냥 일어나는 생각일 뿐이다. 무시하고 흘려보내면 되는데, 찝찝해서 그냥 두고 보지 못하는 것이다.

나는 내 안에서 일어나는 생각들로 인한 문제를 외부적으로 해결하려 했다. 그러나 그 문제는 밖에서 찾으려고 한다면 풀리지 않는다. 그럴 때는 문제를 심각하게 생각하지 말고 가지고 요리할 줄도 알아야 한다.

스티브 도나휴는 『사막을 건너는 여섯 가지 방법』에서 사막에 자동차가 가루모래에 빠졌을 때의 상황을 인생에 비유한다.

"사막의 모래에 갇히면 타이어의 바람을 빼라. 부드러운 가루 모래인 '프슈프슈'에 빠졌을 때 타이어 바람을 빼야 벗어날 수 있다. 장뤽은 타이어 바람을 빼면 바퀴가 망가진다고 한사코 거부했다. 그러다 결국 일행은 기진맥진 하고서야 장뤽은 마지못해 타이어의 바람을 뺐다. 고집을 부리고 생명이 위협받는 것보다는 바퀴가 망가지는 것이 나을 것이라 판단했다."

우리도 인생을 살면서 사막을 건너는 여정을 지나가게 된다. 그리고 타이어에 공기를 빼내듯 오만이라는 공기를 빼내야 할 때가 있다.

우주에 떠 있는 푸른 별 지구를 우주에서 보면 위태롭고 나약해 보인다고 한다. 그렇듯 사람도 자연에서 태어나서 자연을 보고 깨닫는다. 사람은 한편으로는 실로 나약한 존재라는 것을.

에필로그

나는 주부다 보니 설거지할 일이 많다. 귀찮은 일이지만 내 마음을 씻어낸다는 마음으로 하면 덜 귀찮다. 무엇이든 즐거운 마음으로 하자.

어린 시절 섬세한 성격으로 인해 살아오는 동안 세상을 좀 더 이해하려고 노력했다. 한 사람 한 사람의 생명이 무엇과도 바꿀 수 없을 만큼 소중하고 귀한 사람들이다.

마음이 힘들 때는 하늘을 보자. 지구를 생각하고 우주를 생각하자. 우리는 지속적으로 무엇인가를 얻으려고 하고 가지려고 한다. 무엇을 얻고 쌓기보다 나에게 경험을 시켜주기 위해 태어났다고 생각하자.

이제는 자기 자신도 사랑하자. 밖에 있는 다른 장소, 다른 물건보다는 가장 가까운 자기 안에서 사랑을 찾아보자. 한 사람 한 사람의 사랑이 채워질 때 온 세상은 좀 더 풍요로워질 것이다.

지금도 보이지 않는 곳에서 수고해주시는 이름 없는 분들로 인해 편안하게 지낼 수 있어 감사하게 생각한다.

나를 낳아 소중하게 키워주신 어머니, 아버지께 감사드린다. 책을 쓸 수 있도록 도와준 남편에게 고맙고, 부족한 엄마를 잘 따라주는 아들과 딸에게 고맙다. 이것저것 많은 요구사항에도 잘 정리해준 굿웰스북스에 깊은 감사를 드린다. 무엇보다 끝까지 이 책을 읽어주시고 선택해준 독자분들 한분 한분께 깊은 감사를 드린다.

"감사합니다. 사랑합니다."

2021년 2월 한순원